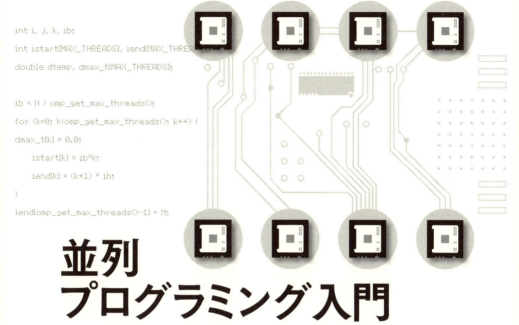

並列プログラミング入門
サンプルプログラムで学ぶOpenMPとOpenACC

片桐孝洋 Takahiro KATAGIRI

東京大学出版会

An Introduction to Parallel Programming:
Start Learning OpenMP and OpenACC with Sample Programs
Takahiro KATAGIRI
University of Tokyo Press, 2015
ISBN978-4-13-062456-5

はじめに

　本書は，東京大学で工学部共通科目「スパコンプログラミング(1)および(I)」の講義での経験，および，大阪大学で2013年4月25日に開講された「CMSI計算科学技術特論A」でのOpenMPの講義を基に書き下ろした教科書です．

　本書は，はじめて並列化を行う学生，技術者，および，コンピュータサイエンスを専門としない科学者を対象にしています．特に，OpenMPを用いた並列化を行う際に，初心者が間違える概念，技法について，注意深く解説をするように心がけました．この動機は，著者が企業の技術者と行った共同研究の経験から生じました．この共同研究では，OpenMPを用いて高性能化を行ったのですが，正しいモデルでプログラミングされていないため，状況によって動作が正常でないという問題が生じました．ここでの問題点は，OpenMPの教科書やインターネット上にも情報が多数あるのにもかかわらず，肝心の概念についての解説があまりないばかりか，初心者にとって誤解を招く説明がされていることでした．そこで，本書を執筆しようと考えました．

　本書の大きな目的は，共有メモリモデルのOpenMPを用いた並列化が正しく行えるようになることにあります．また，正しいプログラミング技法を習得するだけではなく，高性能化できる技術を身につけることです．そのため，できるだけ多くの事例と，実際に動作するプログラム（例題，演習問題）を作製し，提供しました．また問題だけではなく，プログラムとしての解答も用意しました．これらの例題，演習問題を解くことで，正しいプログラミングと高性能化できる技術の習得が行えるように配慮しています．本書で公開するサンプルプログラムは，問題コード一覧（9種，18個），解答コード一覧（11種，22個），の合計20種，40個あります．これらのコードを利用して演習をすることで，OpenMPのプログラミング技術を深めることができます．また，MPIプログラミングへの拡張のための説明と演習もあります．OpenMPを習得後にMPIの習得に進むことができるため，実用シミュレーションコードで行われているハイブリッドMPI/OpenMPプログラミングへの道筋を理解できるでしょう．

本書での OpenMP を用いた演習は，PC に Linux をインストールした環境で動作するほかに，Windows の PC においても，Cygwin を入れることで，簡単に OpenMP を用いた演習が行えます．さらに，大学等が提供するスーパーコンピュータでも，本書が提供するプログラムは動作します．また近年，GPU (Graphics Processing Unit) を用いる計算機環境でのプログラミング言語として，OpenACC が注目されているので本書では，OpenACC を用いたプログラミングの入門についても，解説しています．

本書は，演習書としても機能します．本書で示された演習は，演習課題と，レポート課題として想定されるもので，難易度によってレベル分けして記載しています．

本書の内容について，間違い等がある場合は，筆者 (katagiri@cc.nagoya-u.ac.jp) までご連絡いただければ幸いです．出版後に筆者により判明した間違いとその修正は，以下のアドレスで公開する予定です．併せてご参照ください．

http://www.abc-lib.org/TodaiSyuppan/OpenMP/index.html

本書を執筆するに当たり，多くの方のご支援をいただいています．性能チューニングの実例の経験を得るために，東京大学情報基盤センターの研究用のスパコンを利用しました．スパコンの運用面で本講義の演習をご支援いただいた，東京大学情報基盤センタースーパーコンピューティング研究部門，および，東京大学本部情報基盤課スーパーコンピューティングチームの諸氏に感謝いたします．OpenACC の並列化において，東京大学情報基盤センター大島聡史助教（現・名古屋大学情報基盤センター准教授）に有用なコメントをいただきました．この場にて，感謝の意を表します．

本書の執筆と出版に当たってご尽力いただいた，東京大学出版会編集部 岸 純青氏に感謝いたします．

最後に本書執筆について，あらゆる面で協力してくれた，妻秋代，長女里菜，次女蘭，父母泰孝と町子に感謝します．

2015 年 2 月　千葉県柏市の研究室にて

謹識

片桐　孝洋

目次

はじめに i

第 1 章 ノード内並列化とは 1
- 1.1 共有メモリモデルとは 2
- 1.2 してはいけないプログラミングとは 3
- 1.3 排他制御とは 4
- 1.4 並列実行数と性能の関係とは 7
- 1.5 並列化の本質：データ依存を見つけること 8

第 2 章 OpenMP 入門 13
- 2.1 実行のやり方 14
  - 2.1.1 Linux 環境の構築 15
  - 2.1.2 コンパイラの利用法 21
- 2.2 実行モデルと指示文 23
  - 2.2.1 ループに対する指示文 25
  - 2.2.2 注意すること：変数は共有変数となるのが基本 26
  - 2.2.3 よく使う関数 27
  - 2.2.4 Work Sharing 構文 29
  - 2.2.5 Reduction 節 30
  - 2.2.6 C 言語における Reduction 節の組み込み手続きについて 31
  - 2.2.7 Sections 構文 33
  - 2.2.8 Critical 構文 34
  - 2.2.9 Threadprivate 構文 34

2.3	スケジューリング		36
2.4	並列化事例		40
	2.4.1	Private 節の指定	40
	2.4.2	スケジューリングの指定	40
	2.4.3	並列化ができない例	41
	2.4.4	データ依存関係を壊しバグになる例	42
2.5	高性能を追求するために		43
	2.5.1	自分で各スレッドに割り当てるループ担当範囲を設定する	43
	2.5.2	自分でリダクションを記載する	45
	2.5.3	呼び出し関数の引数が多い	47
	2.5.4	Parallel 構文の入れ子	48
	2.5.5	複数ループの内側を並列化したい場合	49
	2.5.6	ファーストタッチ	50
2.6	例題 I（密行列の行列–行列積）		55
2.7	例題 II（疎行列の行列–ベクトル積）		56
	2.7.1	COO 形式	57
	2.7.2	行方向圧縮と列方向圧縮	58
	2.7.3	CRS 形式	59
	2.7.4	ELL 形式	61
	2.7.5	その他の疎行列データ形式	65
	2.7.6	性能実例	67
	2.7.7	演習問題：各行で非零要素数が固定の場合	68
	2.7.8	演習問題：各行で非零要素数が変化する場合	68
2.8	例題 III（陽解法によるポアソン方程式の解法）		69
	2.8.1	離散格子の作成と離散化	69
	2.8.2	陽解法の導出	71
	2.8.3	陽解法によるポアソン方程式の解法のアルゴリズム	72
	2.8.4	ポアソン方程式の陽解法のデータ依存	72
	2.8.5	データ依存の緩和と赤–黒法の導出	74
	2.8.6	演習問題	74

2.9	例題 IV（疎行列反復解法 CG 法）		77
	2.9.1	CG 法のアルゴリズム	77
	2.9.2	対角スケーリング前処理	78
	2.9.3	SpMV の利用	79
	2.9.4	演習問題	80
	2.9.5	最近の研究動向について	81
2.10	例題 V（DEM における衝突判定計算）		81
	2.10.1	DEM における処理	83
	2.10.2	粒子の衝突判定と力の計算	84
	2.10.3	接触判定格子の導入	85
	2.10.4	プログラムの概略	87
	2.10.5	OpenMP 化するときの注意点	87
	2.10.6	実装の詳細：Critical 節を用いる方法	90
	2.10.7	マルチカラー接触判定法	90
	2.10.8	性能例	93
	2.10.9	演習問題	94
2.11	OpenMP Version 4.0 への展開		95
	2.11.1	Simd 構文	95
	2.11.2	デバイスの指定	98
	2.11.3	NUMA アフィニティ	99
2.12	より深く勉強するために		100
2.13	章末問題のレベル		100
章末問題			101

第 3 章　OpenACC 入門　　　　　　　　　　　　　　　　　　　　105

3.1	OpenACC の概要		105
	3.1.1	実行モデル	105
	3.1.2	並列性の定義	106
	3.1.3	並列性の記述方法と基本的な構文	107
3.2	実行のやり方		110
	3.2.1	コンパイラオプション	111

		3.2.2	プロファイラ	*112*
	3.3	データ転送量を削減する Data 構文		*115*
		3.3.1	Data 構文の書式	*115*
		3.3.2	Data 構文の効果	*117*
	3.4	並列化の例		*120*
		3.4.1	単純な例	*120*
		3.4.2	依存関係が無いことを明示しないといけない例	*123*
		3.4.3	Vector 節を指定して高速化を試す例	*127*
	3.5	例題 VI（密行列の行列–行列積）		*128*
	3.6	例題 VII（陽解法によるポアソン方程式の解法）		*129*
	3.7	例題 VIII（疎行列反復解法 CG 法）		*130*
	章末問題			*132*

第 4 章　ハイブリッド MPI/OpenMP プログラミングへの進展 ... *133*

	4.1	ハイブリッド MPI/OpenMP プログラミングをするために ..		*135*
		4.1.1	並列プログラム作製の方針	*135*
		4.1.2	MPI 並列化の方針	*136*
		4.1.3	負荷分散とデータ分散方式	*140*
		4.1.4	ハイブリッド MPI/OpenMP 並列プログラム開発の指針	*141*
		4.1.5	ハイブリッド MPI/OpenMP プログラムによる性能パラメタの追加	*141*
	4.2	並列化の例		*143*
		4.2.1	ハイブリッド MPI/OpenMP 実行の起動方法	*143*
		4.2.2	数値計算ライブラリとハイブリッド MPI/OpenMP 実行	*144*
	4.3	例題 IX（密行列の行列–行列積）		*145*
	4.4	MPI プログラミングをより深く勉強するためには		*146*
	4.5	高性能を追求するためには		*146*
		4.5.1	実行効率を決める要因	*146*
		4.5.2	プロセスへ割り当てるジョブの差	*147*

		4.5.3 データのパック/アンパックの時間	*148*
		4.5.4 スレッド並列版 BLAS 利用時の注意	*148*
		4.5.5 コンパイラ最適化の影響	*150*
		4.5.6 全体を通して：自動性能チューニングの必要性	*151*
4.6	まとめ		*152*
章末問題			*153*

おわりに *155*

参考文献 *157*

サンプルプログラムの利用法 *161*

1	利用に関する概要		*161*
	1.1	共通ファイル名	*161*
	1.2	例題・演習問題コードと解答コード	*161*
	1.3	注意事項	*162*
	1.4	計算機環境依存事項の変更方法	*162*
2	OpenMP の例題・演習問題		*163*
	2.1	サンプルプログラム	*163*
	2.2	例題 I（密行列の行列–行列積）...........................	*167*
	2.3	例題 II（疎行列の行列–ベクトル積）......................	*168*
	2.4	例題 III（陽解法によるポアソン方程式の解法）........	*173*
	2.5	例題 IV（疎行列反復解法 CG 法）........................	*176*
	2.6	例題 V（DEM における衝突判定計算）....................	*179*
3	ハイブリッド MPI/OpenMP 実行の例題		*185*
	3.1	例題 IX（密行列の行列–行列積）.........................	*185*
4	OpenACC の例題		*187*
	4.1	例題 VI（密行列の行列–行列積）.........................	*187*
	4.2	例題 VII（陽解法によるポアソン方程式の解法）........	*189*
	4.3	例題 VIII（疎行列反復解法 CG 法）......................	*193*

索引 *199*

第1章

ノード内並列化とは

　本章では，OpenMP による並列化をする場合に必要となる，プログラミングモデルをメモリ構成の観点から説明します．

　近年，複数の CPU を搭載した**マルチコアプロセッサ (Multi-core Processor)**，Intel 社の MIC (Many Integrated Core) などの**メニーコアプロセッサ (Many-core Processor)**，NVIDIA 社の Maxwell に代表される **GPU (Graphics Processing Unit)** が普及しています．これらの計算機では，プロセッサ内で正しい並列化を実現するか，および，高速な並列化が実装できるか，が重要になります．まず最初に，正しい並列化および高性能な実装をするために必要となる概念について説明します．

　上記の計算機環境において重要になるのが，複数の CPU でアクセスできるメモリ単位の計算機資源である**ノード (Node)** を対象とした並列化です．このノードを単位とする並列化のことを，**ノード内並列化 (Inner Node Parallelization)** と呼びます．

　ノード内並列化において，現在よく使われているプログラミング手法が，**スレッド (Thread)** によるプログラミングです．このスレッドとは，共有して参照できるメモリを介して行う処理のことです．スレッドを利用して行う並列化のやり方は多数あります．そのことから，ノード内並列化を行うプログラミングのやり方も，たくさんあります．

　スレッドのインターフェースを規格化したもので，比較的古くから使われているものでは，**pthread** (ピー・スレッド) (POSIX Thread) があります．一方，本書で取り扱う，**OpenMP** (オープン・エムピー) があります．

　OpenMP は，現在，最も普及しているスレッド並列化手法です．OpenMP の特徴としては，処理対象のコードへの並列化の指定が容易であるため，並列化が簡単にできることが挙げられます．反面，後ほど詳しく説明しますが，

並列化をしてよいかどうかはユーザが判断する仕様であるため，正しい並列プログラミングがなされるかどうかは，ユーザの責任になります．したがって，誤った並列化をしてしまう可能性があることが欠点として挙げられます．

また，自動スレッド並列化を行うコンパイラ（たとえば，Intel 社のコンパイラ）により，スレッドプログラムを自動生成することもできます．また，GPU 内の処理も一種のスレッドと考えると，GPU のためのプログラミング言語として，NVIDIA 社が提供する **CUDA**（クーダ）があります．さらに，CUDA でのプログラミングよりも簡単にできるプログラミング言語として近年，**OpenACC**（オープン・エーシーシー）が普及してきています．そこで，OpenACC も本書で取り扱います．

以上のように，ノード内並列化を実現するための方法は多数あることがわかると思います．そのうち本書では，初心者が最初に取り組むべきものとして，OpenMP を取り上げます．OpenMP によるスレッド並列化により，ノード内並列化を行う方法を解説します．

1.1 共有メモリモデルとは

ノード内並列化を行うためには，複数のスレッドから共有して参照できるメモリを介してデータ交換を行う必要があります．この共有して参照できるメモリのことを，**共有メモリ** (Shared Memory) と呼びます．共有メモリを通して，各スレッドは，理論的には同時にデータの読み書きができます．ここでは次のことに注意が必要です．ハードウェア的には，同時に読み出すことや書き込むことができないことがある，あるいは，同時に読み出すことや書き込むことができる場合でも，とても時間がかかることがあります．

ここで最も注意することには，共有メモリに対する読み出しと書き込みについて，各スレッドで行う処理結果において，論理的に正しい結果を保証できないことがあります（図 1.1）．このことについては，次の節で詳しく解説を行います．

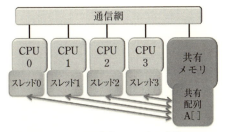

同時に複数のスレッドが共有メモリ上の配列にアクセス
⇒並列処理で適切に制御をしないと,
　逐次計算の結果と一致しない.

図 1.1　共有メモリでのスレッド実行

1.2　してはいけないプログラミングとは

　この節では,スレッド並列化をする際に,してはいけないプログラミングについて,その概念を示します.

　まずスレッド実行を実現するプログラムでは,通常,スレッドごとに同じ演算をするようにプログラミングします.スレッドごとに同じ演算をしないようにすることもできるのですが,多くの数値計算の処理では,スレッドごとに同じ演算をすることで並列化ができ,かつ,スレッド間で同じ演算をすることでプログラミングの手間を削減できるので,通常はそのようになっています.

　このとき,共有メモリ上のデータを,スレッド間で加算することを考えましょう.この例を,図 1.2 に示します.

　図 1.2 では,共有メモリ上に変数 A があり,その中身は 0 になっています.
　図 1.2①では,スレッド 0 が共有メモリ上のデータ A を読み出します.
　次に図 1.2②では,スレッド 0 が演算である加算(A=A+1)を行い,演算結果の「1」を得ます.それと同時に,スレッド 3 は共有メモリ上からデータ A を読み出します.このとき,共有メモリ上のデータ A は「0」になっていますので,スレッド 3 には 0 が読み込まれます.

　最後に図 1.2③では,スレッド 0 が結果を,共有メモリに書き込みます.それと同時にスレッド 3 では,演算(A=A+1)を行い,演算結果の「1」を得

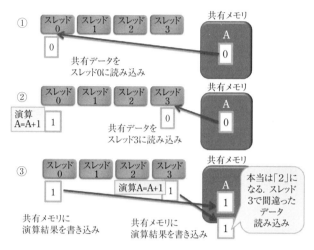

図 1.2 誤ったスレッド間での加算

ます．その後スレッド3は結果を，共有メモリに書き込むのですが，その値は「1」になります．

ここで注意すべきは，以下の点です．図1.2③におけるスレッド3の演算結果は，スレッド0での演算結果を参照できれば，「2」になるはずです．そして，これは想定したスレッド間での正しい演算結果になります．ところが，スレッド3が，スレッド0での演算結果の収納を待たずに図1.2②でデータを読み出したことにより，結果が不正になりました．

以上の図1.2の例は，スレッド並列化において，行ってはならないプログラミングの形態になります．

1.3 排他制御とは

図1.2の問題を生じさせないためには，どのようにしたらいいのでしょうか？　その答えは，スレッドがデータを読み出して，演算結果を書き込むまで，該当するスレッド以外のスレッドはデータを読み出せないようにすること（結果が収納されるまで待つこと），です．このように，処理を行うときに，自分以外の処理を排除することを，**相互排除**，もしくは，**排他制御** (**Mutual Exclusion**) と呼びます．排他制御は，スレッドに限らず，並列処理におけ

る重要な概念の1つです．

　排他制御をするためには，複数のスレッドが入ってはいけないプログラム上の区間を決めます．この区間のことを，**クリティカルセクション (Critical Section)** と呼びます．図 1.2 の例では，クリティカルセクションは，加算演算 A=A+1 になります．OpenMP では，後述のとおり，Critical 節により，このクリティカルセクションと排他制御が指定できます．

　あるスレッドがクリティカルセクションに入ったかどうかを知るためには，通常，**セマフォ (Semaphore)** というデータ構造を用意します．セマフォとは，並行処理（時間単位に処理を切り替える実行方法）や，並列処理をするときに，処理を切り替えることを制御するデータ構造のことです．セマフォを用いて，スレッドがクリティカルセクションに入ると，セマフォにデータを書き込み，スレッドがクリティカルセクション内に入ったことを通知します．このことで，現在，クリティカルセクションに入ったスレッド以外のスレッドの進入を防ぎ，結果として誤動作を防ぎます．

　以上から，クリティカルセクションに入る際には，以下の手順をとります．

1. セマフォを見てクリティカルセクションにスレッドが入っているか見る．

2. もし入っていない場合は：
   2-i. セマフォにクリティカルセクションに入ることを示すデータ（たとえば，"T"）を書き込む．
   2-ii. クリティカルセクション内の演算をする．
   2-iii. セマフォのデータをクリアする（たとえば，"F" を書き込む）．

3. もし入っている場合は：
   3-i. セマフォを見る．
   3-ii. セマフォの中身がクリティカルセクションに入っていないことを示していたら，2-i. へ．
   3-iii. そうでないなら，3-i. へ．

　なお，以上のセマフォへのデータの読み書き（1 と 2-i）は，排他制御で行う仕組みがあるとします．

6　第 1 章　ノード内並列化とは

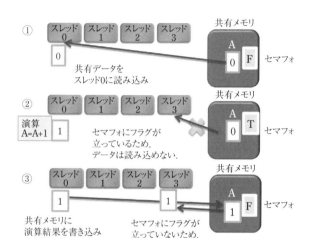

図 1.3　相互排除とセマフォ

以上の排他制御の手順を，さきほどの図 1.2 に適用した例をもとにして，図 1.3 に示します．

図 1.3 からもわかるように，排他制御を実現するためには，クリティカルセクションに入るたびにセマフォを見ないといけません．そのため，スレッド数が増えれば増えるほど，共有メモリへのアクセスが増大します．結果として，セマフォを見るための時間が無視できなくなり，並列処理による速度向上を阻害することがあります．

セマフォの実装は，プログラム上からソフトウェアで行うことのほかに，ハードウェアとして専用の処理を用意し，相互排除の性能を高めることができます．ただし，ハードウェアとして相互排除の機能が提供されていたとしても，スレッド数が増えるにしたがい，セマフォを見る時間が増大します．したがって，相互排除を行うプログラムはできるだけ避けるべきです．また，相互排除は避けられないとしても，その数は最小にすべきといえます．プログラム上，もしくは，アルゴリズム上工夫をすることが，高速化に寄与します．

1.4 並列実行数と性能の関係とは

前節の相互排除の例にもあったように，並列実行数と性能は関係があります．一般に，スレッド数が増えていくと，スレッド並列化のための処理が増えることから，速度向上は制限されます．

一方で，処理対象となる演算（プログラム）の特性も，スレッド数が増えたとき変わります．図 1.4 にその特性を示します．

図 1.4 から考えると，スレッド性能が出にくいプログラムの特性は，頻繁に共有メモリのデータを読み書きするプログラムです．実際に共有メモリ上の配列にアクセスしなくても，先述のとおり，排他制御をするだけでも共有メモリ上のデータであるセマフォをアクセスすることから，性能の劣化が生じます．したがって，このようなプログラムは性能の観点では望ましくなく，OpenMP によるプログラミングでは避けるべきです．

一方で図 1.4 から，スレッド性能が出やすいプログラムは，共有メモリ上の共有データへのデータの読み書きが少なく，スレッド内の演算（ローカルな演算）がほとんどになるプログラムです．このようなプログラムでは，スレッド数が増加しても，スレッド数の増加に応じた速度向上が得やすくなる

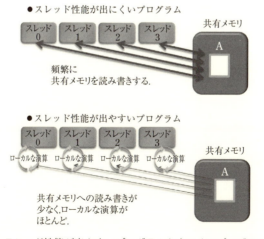

図 **1.4** スレッド性能が出やすいプログラムと出にくいプログラムの特性

はずで，望ましい特性のプログラムといえます．

　以上のように，OpenMP を用いてスレドプログラミングする際は，できるだけ共有メモリのアクセスを減らすようにプログラミングすることが望ましいです．また，現在の実装では困難な場合は，アルゴリズムを変更しても，共有メモリ上のデータアクセスが少ないアルゴリズムに変更する方が，スレド数を増加したときの性能がよくなります．

　以上を考慮して，ノード内並列化ではプログラムの性能チューニングが行われています．

1.5　並列化の本質：データ依存を見つけること

　この章の最後に，ノード内並列化や OpenMP での並列化に限らず，本書で紹介する OpenACC や MPI を用いた並列化を行う場合にも必要となる，並列化時の「本質」は何かについて説明します．

　この並列処理での「本質」とは，計算に内在する，**データ依存 (Data Dependency)** の概念を理解する（見つける）ことです．

　ここで，データ依存とは，ループ中の式にどのようなデータの「流れ」があるか，ということです．データの流れとは，データを**定義 (Definition)** する処理と，データを**参照 (Reference)** する処理との関係のことです．ここで，データの定義とは，式の左辺に現れる変数や配列に対する値の収納です．一方，データの参照とは，式の右辺に現れる変数や配列に対する値の読み出しです．

　たとえば，C 言語で考えると

```
a[i] = b[i]
```

という式を考えます．このとき，配列 a[i] は**定義される**といいます．一方，配列 b[i] は**参照される**といいます．

　では，この式をループにしてみましょう．ループにすると，たとえば，以下のようになります．

```
for (i=0; i<N; i++) {
```

```
  a[i] = b[i]
}
```

このとき，i ループにおいては，どのようにループを回しても，結果として収納される（すなわち，定義される）配列 a[i] の中身は変わりません．たとえば，i ループの回転を，反対である N から 1 に回してもよいし，ランダムな順番で回しても，結果は変わりません．

以上のような演算の構成になっている場合，i ループは並列化可能であるといえます．ですので，この i ループについては，OpenMP で並列化できることになります．

それでは，どのような場合に並列化ができないのでしょうか？

たとえば，C 言語で，以下のようなループはどうでしょうか？

```
for (i=1; i<N; i++) {
  a[i] = a[i-1] + b[i];
}
```

以上のループでは，定義される配列は a[i] で先ほどの例とは変わりませんが，参照される配列が b[i] に加えて，配列 a[i-1] が加わっています．

以上の挙動を解析するため，ループを展開して考えてみます．以下にそれを示します．

- i=1 : a[1] = a[0] + b[1];
- i=2 : a[2] = a[1] + b[2];
- i=3 : a[3] = a[2] + b[3];
- …

以上の例では，i=1 のときに定義した a[1] を，i=2 の時で参照していることがわかります．同様に，i=2 のときに定義した a[2] を，i=3 のときで参照しています．したがって，一般に，i=k のときに定義した a[k] を，i=k+1 のときに参照することになります．

以上のような，データ依存のときに，iループは並列化できるのでしょうか？つまり，どのような順番でもiループを回すことができるのでしょうか？

答えは，NOであることがわかるでしょう．以上の例では，データはi=1から定義されるので，1からNに順番に回さないと，結果であるa[i]の値が異なってしまいます．このようなデータ依存のことを，**流れ依存 (Flow Dependency)** といいます．

流れ依存があるループは，OpenMPに限らず，どのような並列化でもできません．したがって，このままでは並列化ができない処理になります．

一般に，データ依存があるループを並列化するには，(1) 式を書き換える，か，(2) アルゴリズムを変更し演算を並列化できるものに変更する，しかありません．したがって，この場合の並列化とは，コードの書き換えから，アルゴリズムの変更までも含むことになります．

(2) のアルゴリズムの変更により並列化する例は，本書の第2章で例を示します．一方，(1) については，書き換えにより並列化できるかできないかは，場合によります．以下に，書き換えることで並列化できる典型的な例を示します．

以下のC言語の例を考えます．

```
b[0] = 1.0;
for (i=1; i<N; i++) {
  a[i] = b[i-1];
  b[i] = c[i] * d[i];
}
```

この例では，b[i]の定義があり，かつ，b[i-1]の参照があります．そのため，データ依存があることになります．したがって，iループの並列化ができません．ところが，以下のようにループを分けるように書き直すとします．

```
b[0] = 1.0;
for (i=1; i<N; i++) {
  b[i] = c[i] * d[i];
}
```

```
for (i=1; i<N; i++) {
  a[i] = b[i-1];
}
```

このようにループの書き方を変更すると，双方のiループともに並列化が可能となります．

この例のように，コードを書き換えると並列化ができる場合があります．また，作業領域を確保してコードを書き換えると，並列化ができる場合があります．これらの場合には，まずコードを書き換えた上で，OpenMPによる並列化を行います．

このことから，並列化に必要なことは，並列化の「概念」の習得であるといえます．したがって，本書の目的はOpenMPなどの言語習得そのものではないといえます．データ依存関係の原理を理解していないと，コンパイラが自動で行う並列化でも，元の逐次コードで並列化ができない書き方をしてしまったりして，高性能なプログラムが出力されません．ですので，自動並列化コンパイラを使うだけでは，並列化や高性能化に寄与しないことがわかると思います．

データ依存の概念を理解することが，並列化技術の習得のために重要であるといえます．本書ではそのことを心がけて，OpenMPでの並列化のやり方を勉強してください．

第2章

OpenMP入門

本章では，**OpenMP** (OpenMP C and C++ Application Program Interface Version 1.0) の使い方を説明します．OpenMP は，簡単にノード内並列化ができるプログラミング言語です．正確には，OpenMP は，プログラム上から扱うためのインターフェースを定めた **API (Application Programming Interface)** です．

OpenMP は，共有メモリ型並列計算機用にプログラムを並列化するために，以下の

- 指示文（C 言語では**プラグマ (Pragma)**，Fortran 言語ではディレクティブ (**Directive**) と呼びます．）
- ライブラリ
- 環境変数 (**Environmental Variables**)

を規格化したものです．

OpenMP は，ユーザが，並列プログラムを実行させるための指示を与えるものです．コンパイラによる自動並列化ではありません．したがって，ユーザが並列化の原理（データ依存関係など）を理解した上で，プログラム中に並列化を指定します．その際，誤って並列化を指示すると，逐次実行の結果と一致せず，誤ったプログラムとなります．後ほど説明しますが，OpenMP のプログラミングの困難な点は，場合により逐次実行の結果と一致することがある点です．すなわち，正しく動いたと思っているプログラムが，状況により動かなくなることがありますので，デバックが困難となることがあります．

OpenMP は，分散メモリ型並列計算機での並列化（たとえば，MPI (Message Passing Interface) [1, 2, 3, 4, 5] など）に比べ，データ分散の処理の手間がな

いので，実装が簡単といえます．ただし，高い性能を引き出すためには，プログラムの書き換えが多く必要となる場合があります．その際には，MPIとプログラミングコストの差がない状況になることもあります．つまり，OpenMPでの並列化がユーザにとって満足なものになるかどうかはプログラムの複雑度と要求性能に依存します．

スレッド並列化を行うプログラミングモデルは，近年のマルチコア・プロセッサやメニーコア・プロセッサを用いた計算機に適合しているので，最初に行う並列化の手段として普及しています．ただし，性能を考慮する場合は，注意が必要です．現在の経験的な性能として，OpenMPでの並列化は，8スレッド並列以下の実行に向いているといえます．8スレッドを超えるスレッド実行で高い並列化効率を確保するには，多くの事例で，プログラミングの工夫が必要となります．この理由は，現在のハードウェアではメインメモリとキャッシュ間のデータ転送能力が，演算性能に比べ低いことがあります．そのため，高いスレッド数で実行をすると，スレッド数に比例してメインメモリからのデータ移動量が増え，ほとんどがメインメモリからのデータ移動時間になります．結果として，メインメモリからのデータ移動性能で全体の性能が決まります．そのため，スレッド数に比例した性能が得られなくなります．また場合により，OpenMPで十分に並列性を抽出できないプログラムになっていることもあります．これは，後ほど説明します．

ノード間の並列化はOpenMPではできません．ノード間の並列化は，通常，MPIを用いて行います．自動並列化コンパイラが行う並列化も，OpenMPと同じスレッド並列化のみですので，通常はノード間の並列化はできません．High Performance Fortran (HPF) [6]，XcalableMP [7]（筑波大）などのコンパイラでは，ノード間の並列化が可能です．しかし，まだ普及しているとはいえません．

2.1 実行のやり方

OpenMPによる並列化は，コンパイラのオプションでOpenMPの利用を指定することでコードを並列化することができます．OSにLinuxを用いている場合は，通常，GNUコンパイラが入っていますので，そのままの環境で

OpenMP を使えることが多いです．また，OS が Windows の場合は，Intel 社のコンパイラなど，商用のコンパイラを購入の上でインストールすると，OpenMP が使えます．また Windows の場合でも，Windows から Linux を起動できる無料のソフトウェア **Cygwin**（シグウィン）をインストールして，無料で入手できる GNU の C コンパイラや Fortran コンパイラを用いることで，OpenMP を利用することができます．

本節では，PC を用いて，Windows がインストールされている環境を想定します．Cygwin をインストールして，GNU の C コンパイラと Fortran コンパイラを利用する場合について，OpenMP 利用までの計算機環境の構築の方法を説明します．

2.1.1 Linux 環境の構築

まず，Windows 向けのフリーの Linux 環境である，Cygwin をインストールします．Cygwin の最新版は，Web 上の HP にあります．以下の HP をアクセスしてください．

`https://www.cygwin.com/`

上記の HP をアクセスすると，図 2.1 のようなページが見えます．

次に，各自の OS に適合する，Cygwin のインストーラをダウンロードします．図 2.1 の HP の下の方に，インストーラのダウンロードのリンクがあります．それを，図 2.2 に示します．

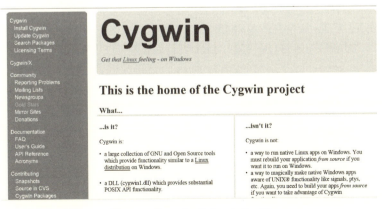

図 **2.1** Cygwin のホームページ

16   第 2 章   OpenMP 入門

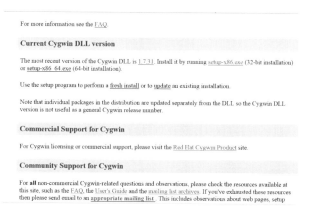

図 2.2   Cygwin のダウンロード

図 2.3   Cygwin インストーラの起動（セットアップ）

　図 2.2 では，Windows の種類により 2 つのインストーラが用意されています．Windows が 32 bit 版か 64 bit 版かを確認して，適するインストーラ（setup-x86.exe，もしくは，setup-x86_64.ext）をダウンロードします．

　ダウンロードが終了すると，実行をするかどうか確認をしてくることがありますが，「実行する」をクリックして，インストーラを起動します．インストーラを起動すると，図 2.3 のような画面が出ます．

　図 2.3 で，「次へ」をクリックします．そうすると，図 2.4 の画面が出ます．

　図 2.4 では，Cygwin をインストールする場所（ディレクトリ）を指定します．特に問題がない場合は，このままで，「次へ」をクリックします．いくつか，同様の画面が出ますが，問題ない場合は「次へ」をクリックします．そ

図 2.4 Cygwin インストーラ（インストール先ディレクトリ）

図 2.5 Cygwin インストーラ（インターネットからインストール）

うすると，図 2.5 の画面が出ます．

図 2.5 では，Cygwin のファイルをどこから入手するか選択します．いま，Web 上から取得するので，このまま「次へ」をクリックします．そうすると，図 2.6 の画面が出ます．

図 2.6 では，どのサイトから Cygwin のファイルを取得するかを選びます．世界中のサイトから取得することができます．現在の場所から近いところを選ぶと高速にインストールができると期待できるため，適する場所を指定し，「次へ」をクリックします．この例では，北陸先端大学院大学のサイトからダウンロードします．

通常，デフォルトで Cygwin のファイルをインストールすれば十分です．

18   第 2 章 OpenMP 入門

図 2.6 Cygwin インストーラ（FTP 先の指定）

図 2.7 Cygwin インストーラ（gcc の指定）

本書では，C 言語コンパイラ gcc と，Fortran コンパイラ gfortran を利用します．そのため，図 2.7，図 2.8 のファイルが指定されていることを確認してください．

また本書では，計算結果の表示に gnuplot を用います．そのため，図 2.9 の gnuplot 関連のファイルが指定されていることを確認してください．

また本書では，gnuplot を表示するため，X11 に含まれるウィンドウマネージャを用います．そのため，図 2.10 の X11 関連のファイルが指定されていることを確認してください．

図 2.8　Cygwin インストーラ（gfortran の指定）

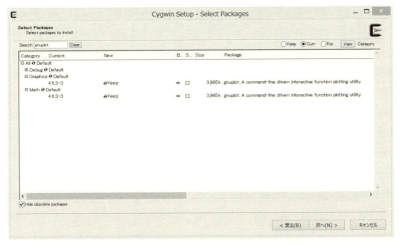

図 2.9　Cygwin インストーラ（gnuplot の指定）

　以上を設定し，「次へ」をクリックすると，必要なファイルのインストールが行われます．正常にインストールが終了すると，デスクトップに「Cygwin Terminal」というショートカットが自動生成されます．あとは，このショートカットをクリックすると，Cygwin を起動できます．

　Cygwin を起動するとターミナルが表示されます．ターミナルのカスタマ

20　第 2 章　OpenMP 入門

図 2.10　Cygwin インストーラ（X11 の指定）

図 2.11　Cygwin の起動（ウィンドウマネージャの起動）

イズは，Linux と同様にできます．図 2.11 に起動例を示します．

図 2.11 では，ウィンドウマネージャを呼び出すコマンドを入力しています．startx と入力しリターンキーを押すと，ウィンドウマネージャが起動されます．図 2.12 に，ウィンドウマネージャの起動例を載せます．

図 2.12 は，TWM（Tom's Window Manager，もしくは，Tab Window Manager）という X Window System 用のウィンドウマネージャの起動画面です．

2.1 実行のやり方　21

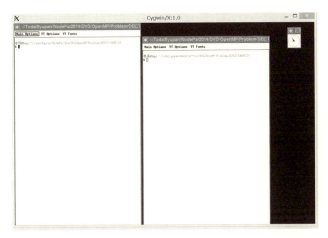

図 2.12　ウィンドウマネージャ起動画面 (TWM)

次に，作図ツールの gnuplot を起動します．ターミナルの 1 つで，

$ gnuplot

と入力し，リターンを押します．その後，演算結果を表示します．たとえば，本書のサンプルプログラムにある DEM のシミュレーション結果を動画で表示する場合は，gnuplot を起動後，

$ load "dem.gnu"

と入力しリターンを押すと，結果が表示できます．以上の例を，図 2.13 に示します．

以上が正常に動作すれば，本書でのプログラミング環境の構築は終了です．

2.1.2　コンパイラの利用法

OpenMP を用いたプログラムをコンパイルするためには，逐次コンパイラのコンパイルオプションに，OpenMP 用のオプションを付けることで行えます．どのように指定するかは，コンパイラに依存しますので，それぞれの計算機環境において調べて利用してください．

本書では，GNU の C コンパイラ gcc，および，Fortran コンパイラ gfortran を利用します．この場合のオプションは，以下のようになります．

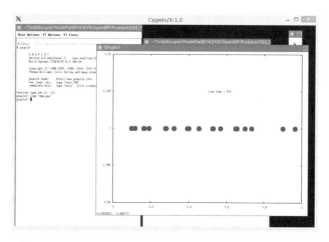

図 2.13 gnuplot によるシミュレーション結果表示 (DEM)

- 例）GNU Fortran コンパイラ
  gfortran -Ofast -fopenmp foo.f

- 例）GNU C コンパイラ
  gcc -Ofast -fopenmp foo.f

ここで注意しなければならないのは，後述する OpenMP の指示をするループを並列化するのですが，指示がないループは逐次実行になることです．またコンパイラの中には，コンパイラが提供する自動並列化によるスレッド並列化と，OpenMP との併用ができる場合があります．しかしコンパイラによっては，OpenMP と自動並列化コンパイラとの併用ができない場合もあります．詳しくは，インストールされているコンパイラのマニュアルをご覧ください．

また，コンパイルしたプログラムの実行は，実行可能ファイルを実行することで行います．たとえば，a.out という実行可能ファイルが生成される場合，

```
$ ./a.out
```

と入力することで，実行できます．

図 2.14 に，Cygwin のターミナルにおいて，gfortran でコンパイルし，実行させた例を載せます．

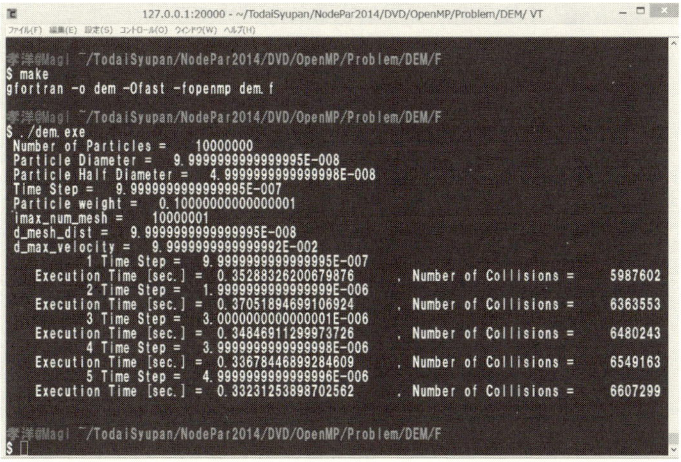

図 2.14 gfortran によるコンパイルと実行 (DEM)

2.2 実行モデルと指示文

OpenMP は，並列化の指示を**指示文**で与えます．指示文とは，プログラムとしてはコメントですが，専用のコンパイラに通したときに，特有の指示を与えるものです．OpenMP では，並列化のやり方を，ループ，もしくは，指示した場所のプログラム，に与えます．特にこの指示文を，C 言語では**プラグマ** (**Pragma**)，Fortran 言語ではディレクティブ (**Directive**) と呼びます．以下に，具体的な指示文を示します．

● C 言語の場合

`#pragma omp` で始まるコメント行

● Fortran 言語の場合

`!$omp` で始まるコメント行

OpenMP は前提として，共有メモリの計算機で動作することを想定しています．したがって，指示文で記述されたプログラムは，スレッド間で共有メモリ上にあるデータを読み書きすることになります．

また，OpenMPでは，指示文で指定されたプログラムは，原則として，スレッド間で同一の演算がなされます．後ほど説明しますが，スレッドごとに異なる演算を行うような実行もできます．しかし，OpenMPを用いた素直なプログラムとしては，スレッド間で同じ演算を行うように記述します．

このような，スレッド間で同一の演算を行うという並列化の概念を，図2.15に示します．

図2.15では，逐次で実行される「ブロックA」，指示文である parallel により並列実行を指定した「ブロックB」，および，逐次で実行される「ブロッ

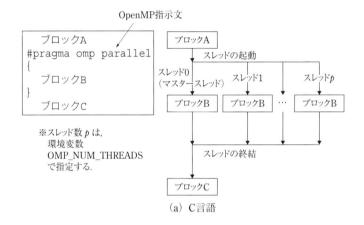

(a) C言語

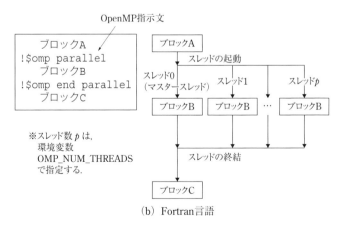

(b) Fortran言語

図 2.15 OpenMPのプログラミングモデル

クC」があります.ここでブロックとは,ループ,式,関数呼び出しなど,任意のプログラムの構成要素を指します.重要なのは,指示文 parallel で指定された場所が,並列に実行される点です.プログラムはスレッド間で共通なので,スレッド間で同じ演算がなされることになります.

図 2.15 では,並列実行の数 p はプログラム時には与えられません.実行時に p を環境変数 OMP_NUM_THREADS で与えます.

対象となるブロックが並列化できるかどうか,すなわち,並列化して逐次の結果と一致するかどうかは,ユーザが保証します.コンパイラは,ユーザの指示に従い並列化するだけです.ですので,してはならない並列化を指定した場合,逐次処理での結果と異なる並列化を行います.この場合の責任は,ユーザにありますので,ユーザは並列化の原理を理解した上で OpenMP による指示を与えなければなりません.

2.2.1 ループに対する指示文

図 2.15 の並列化の指示は,任意のプログラムについて指示できるものです.数値計算処理の場合,多くの並列化対象はループであることが多いです.したがって,ループに対する専用の並列化の指示文が用意されています.その例を,図 2.16 に示します.

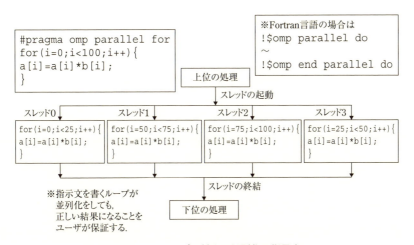

図 **2.16** ループに対する並列化の指示文

図 2.16 では，C 言語では for ループ，Fortran 言語では do ループに対して，並列化を指示することが，parallel for，もしくは，parallel do で指示ができます．

各スレッドへのループの割り当て方は，ループの長さを均等に割り，スレッドに割り当てられます．図 2.16 の例では，i ループが 1 から 100 までカウントされます．そのループを 4 スレッドで並列処理する場合 100/4=25 なので，25 カウントずつ均等に，各スレッドに処理を割り当てます．

2.2.2　注意すること：変数は共有変数となるのが基本

ここで，初心者がよく間違える点について説明します．これは，図 2.16 で参照される変数（ループに使われる変数 i も）は，どういう扱いになるのかということです．つまり，スレッドごとに共有され共有メモリ上に置かれる**変数（共有変数，Shared Variables）**になるのか，それとも，スレッドごとに独立して確保される変数（プライベート変数，**Private Variables**）になるのか，です．なお，変数が共有変数になるのかプライベート変数になるのかという性質のことを変数の**属性 (Attribution)** と呼びます．

以上の答えは，特に何もしない場合，**すべての変数は共有変数になります**．さらに注意しなければならないのは，ループ中に現れる変数も共有変数になることです．そのため，ループ中の変数は，そのままだとスレッド間で加算が行われるため，正しい値になりません．ここで，図 2.16 の例のように，omp parallel for 直後のループ変数のみは例外で，何もしなくても，スレッドごとに独立した変数が割り当てられるため，正常に動作します．

具体的には以下のループにおいて，

```
#pragma omp parallel for
for (i=0; i<n; i++) {
  dtemp = b[i];
  for (j=0; j<n; j++) {
    a[j] += dtemp * c[j];
  }
}
```

第2ループの変数 j と，変数 dtemp はこのままでは共有変数になるため，意図する並列実行ができません．

そこで，スレッドごとに独立して変数をもつ，プライベート変数にする宣言が必要になります．OpenMP では，この宣言は以下のようになります．

● private (⟨変数名⟩, ⟨変数名⟩, …)

以上の，変数をプライベート変数にする **Private** 節を用いて，先ほどの誤ったプログラムを以下のように書き直すと正常動作します．

```
#pragma omp parallel for private(dtemp, j)
for (i=0; i<n; i++) {
  dtemp = b[i];
  for (j=0; j<n; j++) {
    a[j] += dtemp * c[j];
  }
}
```

ここで，実用コードを取り扱っている読者は気がついたかもしれません．現在の OpenMP の欠点として，対象となるループ内に変数が多いと，上記の Private 節に記載する変数の数が多くなります．その結果，変数名の指定誤りなどのバグの原因となります[1]．

2.2.3 よく使う関数

以下に，よく用いる OpenMP の関数を説明します．

- 現在の環境での最大スレッド数取得には，`omp_get_max_threads()` 関数を利用します．型は int（C 言語），integer（Fortran 言語）です．

● C 言語の利用例

---

[1] 宣言しなかった変数すべてについて，プライベート変数にするための節として **Default** 節があります．ただし，現在の OpenMP の実装として `default (private)` が実装されていないことがあるため推奨しません．Private 節で個別に宣言をしておくほうが，幅広い環境で動作するプログラムとなります．

```
#include <omp.h>
int nthreads;
nthreads = omp_get_max_threads();
```

● Fortran 言語の利用例

```
use omp_lib
Integer nthreads
nthreads = omp_get_max_threads()
```

　以上の例では，変数 nthreads に，現在の環境で最大に利用できるスレッド数が収納されます．通常，環境変数 OMP_NUM_THREADS で設定した値になります．

- 自スレッド番号取得には，omp_get_thread_num() 関数を利用します．型は int（C 言語），integer（Fortran 言語）です．

● C 言語の利用例

```
#include <omp.h>
int myid;
myid = omp_get_thread_num();
```

● Fortran 言語の利用例

```
use omp_lib
integer myid
myid = omp_get_thread_num()
```

　以上の利用例では，変数 myid に自分のスレッド番号が収納されます．ここでスレッド番号は，0 から 最大スレッド数 − 1 までの数になります．

- 時間計測には，omp_get_wtime() 関数を利用します．型は double（C 言語），double precision（Fortran 言語）です．

● C 言語の利用例

```
#include <omp.h>
double dts, dte;
dts = omp_get_wtime();
    対象の処理
dte = omp_get_wtime();
printf("Elapse time [sec.] = %lf \n", dte-dts);
```

● Fortran 言語の利用例

```
use omp_lib
double precision dts, dte
dts = omp_get_wtime()
    対象の処理
dte = omp_get_wtime()
print *, "Elapse time [sec.] =", dte-dts
```

以上の利用例では，対象処理に記述されているプログラムの時間を計測できます．

2.2.4 Work Sharing 構文

先に紹介した Parallel 指示文のように，複数のスレッドで実行する場合において，OpenMP で並列を記載する処理（図 2.15 中のブロック B）の部分のことを，**並列領域**（**Parallel Region**）と呼びます．

並列領域を指定して，スレッド間で並列実行する処理を記述する OpenMP の構文のことを，**Work Sharing 構文**と呼びます．Work Sharing 構文は，以下の 2 種があります．

- 並列領域内で記載するもの
    - For 構文（Do 構文）
    - Sections 構文
    - Single 構文（Master 構文），など
- Parallel 指示文と組み合わせるもの
    - Parallel For 構文（Parallel Do 構文）

・Parallel Sections 構文，など

2.2.5 Reduction 節

内積演算などを並列化するとき，スレッド並列の結果を足し込み，1つの結果を得る処理が必要になります．このときに利用すると便利な指示文が，**Reduction 節**です．

この結果の足し込みはスレッドごとになされますが，既に説明したように，排他制御を必要とする処理です．したがって排他制御をしないと，逐次演算と結果が合わなくなるため，Reduction 節の指定が必ず必要になります．

Reduction 節の書式は，以下になります．

● reduction(⟨演算,もしくは,組み込み手続き⟩,⟨変数名⟩,⟨変数名⟩,…)

ここで，演算は "+"（加算），"-"（減算），"*"（乗算）です．また，組み込み手続きは，C 言語と Fortran 言語で異なります．

C 言語では，"&"（ビット単位の論理積），"|"（ビット単位の論理和），"^"（ビット単位の排他的論理和），"&&"（条件付き AND），"||"（条件付き OR），などです．

Fortran 言語では，"max"（最大），"min"（最小），"iand"（ビット単位の論理積），"ior"（ビット単位の論理和），"ieor"（ビット単位の排他的論理和），".AND."（条件付き AND），".OR."（条件付き OR），などです．

以下に例を示します．

● C 言語の例

```
#pragma omp parallel for reduction ( +: ddot )
for (i=1; i<=100; i++) {
    ddot += a[ i ] * b[ i ];
}
```

● Fortran 言語の例

```
!$omp parallel do reduction ( +: ddot )
```

```
do i=1, 100
    ddot = ddot + a(i) * b(i)
enddo
!$omp end parallel do
```

Reduction 節がないと，`ddot` は共有変数になるため，並列実行で逐次の結果と合わなくなります．Reduction 節で変数を宣言すると，Private 節がなくても，宣言した変数はプライベート変数になります．

2.2.6 C 言語における Reduction 節の組み込み手続きについて

Reduction 節で指定する組み込み関数について，C 言語と Fortran 言語で少し異なります．C 言語では，max（最大）と min（最小）が，言語で定義がされていない理由から，OpenMP で事前に提供されていません．したがって C 言語では，max と min を Reduction 節で行いたい場合は，自分で実装する必要があります．一方，Fortran 言語では，Reduction 節を用いて max と min を実装できます．

C 言語での実装のやりかたの一例（max を求めるもの）を以下に示します．

```
int   i, j, k, ib;
int   istart[MAX_THREADS], iend[MAX_THREADS];
double dtemp, dmax_t[MAX_THREADS];

ib = N / omp_get_max_threads();
for (k=0; k<omp_get_max_threads(); k++) {
    dmax_t[k] = 0.0;
    istart[k] = ib*k;
    iend[k]   = (k+1) * ib;
}
iend[omp_get_max_threads()-1] = N;

#pragma omp parallel for private(i,j,dtemp)
    for (k=0; k<omp_get_max_threads(); k++ ) {
```

```
    for (i=istart[k]; i<=iend[k]; i++) {
      for (j=0; j<N; j++) {
        dtemp = fabs(A[i][j] - B[i][j]);
        if (dtemp > dmax_t[k]) dmax_t[k] = dtemp;
      }
    }
  }
  for (k=1; k<omp_get_max_threads(); k++) {
    if (dmax_t[k] > dmax_t[0]) dmax_t[0] = dmax_t[k];
  }
  dmax = dmax_t[0];
}
```

以上は，配列 A[N][N] と B[N][N] の要素の差分をとり，その最大値を得るプログラムです．

ここで MAX_THREADS は，最大スレッド数とします．また，配列 istart[i] に，スレッド i 番での対象ループの開始番号，配列 iend[i] に，スレッド i 番での対象ループの終了番号をあらかじめ設定しておきます．また，dmax_t[i] に，スレッド i 番に割り当てられたデータ内での最大値が保存されている配列とします．OpenMP の関数 omp_get_max_threads() は，現在の環境で最大に実行できるスレッド数を返す関数です．

前半のループで，なるべく均等になるように，各スレッドへループを割り振ります（ここで，ループ終了値 N とスレッド数が割り切れない場合は，最も大きいスレッド番号のスレッドが，余りの部分を持ちます）．その上で，スレッド数だけ回る k ループを設定することで，スレッド数だけ並列に実行します．あとは，事前に設定したループの開始値と終了値である istart[i] と iend[i] を参照することで，各スレッドで異なるループの値を取得して並列実行します．最後に，逐次処理になりますが，各スレッドでの最大値を収納した配列 dmax_t[i] の値を比べることで，全体での最大値を得ます．

以上のように，max 関数が定義されていない場合は，OpenMP を用いる並列化のコーディング量が増えます．

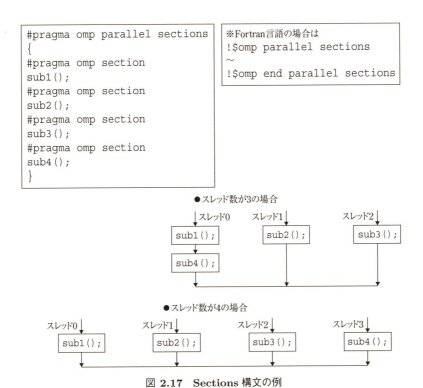

図 2.17 Sections 構文の例

2.2.7 Sections 構文

以上では，各スレッドに同じ演算をさせる場合の OpenMP の構文について説明してきました．ここでは，各スレッドに別の演算（もしくは処理）をさせるための構文を説明します．

これを行うための最も簡単な方法は，プログラム中に同時に呼び出せる関数（もしくは，手続き）がある場合です．その場合は，順番は無視して，並列に，できるだけ多くの数だけ関数を呼び出せばよいことになります．このようなスレッド並列化を実現するために，**Sections** 構文があります．図 2.17 に，Sections 構文の利用例を載せます．

図 2.17 では，`#pragma omp parallel sections` で指定された関数（Fortran 言語の場合は，`!$omp parallel section`～`!$omp end parallel sections` で挟まれた手続き）が同時に実行されます．実行時に指定する並

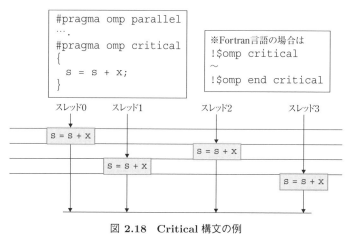

図 2.18 Critical 構文の例

列数に依存して，同時に実行される関数の数が変わります．

2.2.8 Critical 構文

第1章で説明したように，スレッド間で同時にデータを読み出してはいけない領域である**クリティカルセクション**での実行は，排他制御をしないといけません．OpenMP にも，排他制御を行う構文が用意されています．その構文が，**Critical 構文**です．Critaical 構文の利用例を図 2.18 に示します．

図 2.18 から，Critical 構文は通常，Parallel 構文などの構文中で用います．Critical 構文で挟まれたプログラムの場所はクリティカルセクションとなります．したがって，ある時間でクリティカルセクションを実行しているスレッドは必ず1つになるように，実装されます．

ここで注意すべきは，Critical 構文を実装するにはセマフォが使われる都合から，実行時の処理時間が大きく，並列処理の速度向上を阻害することです．したがって，なるべく Critical 構文を使わないような実装，もしくは，アルゴリズムを採用することが重要です．

2.2.9 Threadprivate 構文

スレッドごとにプライベート変数にするが，スレッド内で大域アクセスできる変数を宣言したいことがあります．たとえば，変数がスレッドごとに異な

る値をもつ場合などで，その変数の値を大域変数にしたいときです．スレッドごとに異なるループの開始値と終了値の設定がこれに相当します．

そのときに用いるのが，**Threadprivate** 構文です．Threadprivate 構文は，以下のように使います．

● threadprivate(⟨変数名⟩, ⟨変数名⟩, ⋯)

Threadprivate 構文は，threadprivate にしたい変数名を列挙して利用します．C 言語による利用法を以下に示します．

```
#include <omp.h>
int myid, nthreds, istart, iend;
#pragma omp threadprivate(istart, iend)
...
void kernel() {
   int i;
   for (i=istart; i<iend; i++) {
      for (j=0; j<n; j++) {
         a[ i ] = a[ i ] + amat[ i ][ j ] * b[ j ];
      }
   }
}
...
void main() {
...
#pragma omp parallel private (myid, nthreds, istart, iend) {
  nthreds = omp_get_max_threads();
  myid = omp_get_thread_num();
  istart = myid * (n/nthreads);
  iend = (myid+1)*(n/nthreads);
  if (myid == (nthreads-1)) {
     iend = n;
```

```
    }
    kernel();
}
```

上記では，Threadprivate 宣言を変数 istart と iend に宣言することで，後半のループ中でプライベート変数として宣言されるループの開始値と終了値を大域変数化して，上部のループ中に引き継ぐことができます．

2.3 スケジューリング

いままで説明してきた OpenMP のループの振り分け（ジョブの各スレッドへの割り当て）は，おもにループ長を均等にして各スレッドに割り当てるものでした．この方法でうまくいく場合はよいのですが，状況によってはジョブの割り当てに不均衡が生じ，並列処理の効率を悪くすることがあります．その例を図 2.19 に示します．

図 2.19 では，ループに割り当てられたジョブ量がループが進むに従い増えていくため，いままでのループを均等に分割するやり方だと，スレッド番号が大きいスレッドほど割り当てられるジョブ量が多くなるので，**負荷不均衡**（**Load Imbalance**）を生じます．そこで，この負荷不均衡の問題を解決す

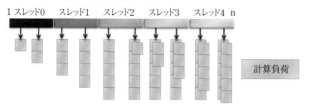

図 2.19 スケジューリングの問題

▶負荷分散を改善するには，割り当て間隔を短くし，かつ，循環するように割り当てればよい．

図 **2.20** スケジューリングの解決法

るためには，各スレッドへのループの割り当て間隔を短くし，かつ，それを循環するように割り当てていけばよいことがわかります．それを，図 2.20 に示します．

図 2.20 では，最適な割り当て間隔（**チャンクサイズ (Chunk Size)** と呼びます）は，計算機ハードウェアと対象となる処理，およびループ長に依存しますので，事前に知ることが困難です．そこで，このチャンクサイズは，性能チューニングのパラメタとなっています．

OpenMP では，以上の割り当てを行うための指示文（節）が用意されています．このジョブとスレッドへの割り当ての方法のことを，**スケジューリング (Scheduling)** と呼びます．

いままで行っていた均等にジョブを割り振るスケジューリングは，**静的スケジューリング (Static Scheduling)** と呼ばれます．なにもしないと，static スケジューリングは，均等にループをスレッドに割り当てます．そのため，ループが進むにつれ計算負荷が多くなるプログラムでは，負荷不均衡を生じます．そこでスケジューリングの指示文（節）を用いることで，チャンクサイズを処理ごとに変更できます．それを，図 2.21 に示します．

図 2.21 では，チャンクサイズが schedule(static,n) の n で指定できます．また，チャンクサイズ n で指定したジョブは，スレッド 0 番から順番に，スレッド 1，スレッド 2 と，割り当てられます．最終スレッドまで割り当てられたら，割当先のスレッドは 0 番にもどります．このようにジョブを順番に割り当てて行く方式を，**ラウンドロビン方式 (Round-robin Method)** と呼びます．

最速となるチャンクサイズの値は，様々な条件で決まるため，決め打ちは

- ▶schedule(static,n)
  - ▶ループ長をチャンクサイズで分割し，スレッド0番から順番に（スレッド0，スレッド1，… というように，ラウンドロビン方式と呼ぶ），循環するように割り当てる．nにチャンクサイズを指定できる．
  - ▶Schedule補助指定文を記載しないときのデフォルトは，staticで，かつチャンクサイズは，ループ長/スレッド数．

図 2.21　static におけるスケジューリング調整

できません．したがって，チューニングパラメタとなります．

以下に，具体的な指定例（C言語）を記載します．

```
#pragma omp parallel for private(j) schedule(static, 100)
for(i=0; i<n; i++) {
  for(j=0; j<n; j++) {
    …
} }
```

ここで，図2.21の例では，ループが進むにつれて増えていく負荷の量が事前にわかっているため，事前に処理を割り振ることができました．このように，事前に割り当てるスケジューリングのことを**静的スケジューリング**と呼びます．

一方，ループが進むにつれて変化する負荷の量が不明，もしくは，実行ごとに変化する場合は，図2.21のスケジューリングでは，負荷の均等化ができません．そこで，まず適当なチャンクサイズで各スレッドに仕事を割り当て，早く処理が終わったスレッドから早い者勝ちで，次の仕事を取りに行くと，負荷の均等化が達成できる場合があります．この方式が，OpenMPのスケジューリングとして用意されています．それを，図2.22に示します．

図2.22では，最初の1回はチャンクサイズごとにラウンドロビン方式で各スレッドに割り当てます．次のステップでは，早い者勝ちでスレッドに割り当てます．このように，実行時に決まる方法でスケジューリングをすることを**動的スケジューリング (Dynamic Scheduling)** と呼びます．

▶schedule(dynamic,n)
  ▶ループ長をチャンクサイズで分割し，処理が終了したスレッドから早い者勝ちで，処理を割り当てる．nにチャンクサイズを指定できる．

図 **2.22** dynamic におけるスケジューリング調整

▶schedule(guided,n)
  ▶ループ長をチャンクサイズで分割し，徐々にチャンクサイズを小さくしながら，処理が終了したスレッドから早い者勝ちで，処理を割り当てる．nにチャンクサイズを指定できる．
  ▶チャンクサイズの指定が1の場合，残りの反復処理をスレッド数で割ったおおよその値が各チャンクのサイズになる．
  ▶チャンクサイズは 1 に向かって指数的に小さくなる．
  ▶チャンクサイズに1より大きいkを指定した場合，チャンクサイズは指数的にkまで小さくなるが，最後のチャンクはkより小さくなる場合がある．
  ▶チャンクサイズが指定されていない場合，デフォルトは1になる．

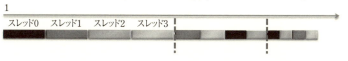

図 **2.23** guided におけるスケジューリング調整

　図 2.22 の Dynamic 節による動的スケジューリングでは，チャンクサイズが小さいと負荷を均等にする能力が高まる反面，実行時のスレッド割り当てのオーバーヘッドが大きくなるため，並列処理の効果が抑制されます．一方，チャンクサイズが大きいと実行時のスレッド割り当てのオーバーヘッドが小さくなる反面，負荷を均等にする能力が低くなります．したがって，負荷均衡化と実行時のオーバーヘッドとの間にはトレードオフがあり，適切な値があります．この適切なチャンクサイズも多様な条件で決まるため，チューニングパラメタとなります．

　最後に，OpenMP のスケジューリングには，guided という方式があります．図 2.23 にそれを示します．

　図 2.23 の guided 方式は，最初の1回はチャンクサイズでラウンドロビン方式で各スレッドにジョブを割り当てるのですが，2回目から早い者勝ちで

割り当てます．さらに割り当てる方法として，徐々にチャンクサイズを小さくしながら割り当てていきます．このように，ループの後半ほど負荷の不均衡が激しく，チャンクサイズを細かくしないといけない場合には，guided 方式が有効と考えられます．

2.4 並列化事例

本節では，OpenMP の並列化の事例について示すことで，並列化についてより深い理解をすることを目的とします．

2.4.1 Private 節の指定

繰り返しになりますが，OpenMP では，対象となる直近のループ変数以外は，プライベート変数で指定しない限り，すべて共有変数になります．デフォルトの変数は，スレッド間で個別に確保した変数ではないです．以下の図 2.24 で再度確認をしてください．

2.4.2 スケジューリングの指定

以下のループの例を考えます．

● C 言語の例

```
#pragma omp parallel for private( j, k ) schedule (dynamic, 20)
for (i=0; i<n; i++) {
  for (j=indj[ i ]; j<indj[ i+1 ]; j++) {
```

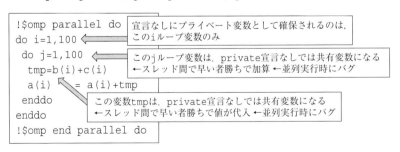

図 2.24　ループ変数に関する共有変数の例

```
    y[ i ] = amat[ j ] * x[ indx[ j ] ];
  }
}
```

● Fortran 言語の例

```
!$omp parallel do private( j, k ) schedule (dynamic, 20)
do i=1, n
    do j=indj(i), indj (i+1)-1
        y( i ) = amat( j ) * x( indx( j ) )
    enddo
enddo
!$omp end parallel do
```

以上の例では，j ループの反復回数が，間接参照である indj[i]～indj[i+1]-1 により決まるので，i ループの計算負荷が均等であるか，実行前には不明となります．したがって，実行時にしか計算負荷の状況がわかりません．ですので，dynamic スケジューリングを適用して，計算負荷の均等化を狙います．

2.4.3 並列化ができない例

●データ依存関係がある例

以下の C 言語のプログラムは，

```
for (i=0; i<100; i++) {
  a[i] = a[i] +1;
  b[i] = a[i-1]+a[i+1];
}
```

parallel for による並列化をすると，逐次と結果が異なります．理由は，演算の 2 行目の右辺 a[i-1] の参照は，1 ループ前の 1 行目 a[i] で定義されていないといけないのですが，ループ並列実行で a[i] が定義されていない状況があるからです．このようなデータの定義と参照の関係を，第 1 章で示したように**データ依存 (Data Dependency)** [8] と呼びます．データ依存が

ある場合は，並列化ができません．特に，1つ前のループにおいてデータの定義がなされ，現在のループで参照するデータ依存のことを，**流れ依存 (Flow Dependency)** と呼びます．流れ依存は数値計算でよく生じるデータ依存であり，このままでは並列化ができない例ですので，注意してください．

2.4.4 データ依存関係を壊しバグになる例

●間接参照があるインデックスに対して加算する例

並列化の理論的には間違っているのですが，間接参照のパターンや，スレッド実行のタイミング次第で，逐次処理と結果が一致し，正常動作だと勘違いする場合があります．この場合，並列化に不慣れなユーザは理論的には間違っているのにもかかわらず，正しい並列化だと誤解してしまいます．この状況では，特定の状況のみで逐次結果と異なりますが，間違いが発見できず，修正しにくくなることがあります．

典型的な例としては，以下に示す，間接参照があるインデックスに対する演算の例が挙げられます．

●バグになるプログラム例（Fortran言語）

```
!$omp parallel do private( j )
do i=1, n
  j = indx( i )
  a( j ) = a( j ) + 1
enddo
!$omp end parallel do
```

以上の例では，間接参照となるインデックス配列 indx(j) のパターンに依存し，並列化ができなくなります．具体的には，n=2 で，indx(1)=1, indx(2)=1 となるとき，2スレッド実行すると，流れ依存が生じ並列化できなくなります．

そこで，どのような indx(j) のパターンにも対応できるようにする場合は，a(j) = a(j)+1 の演算に排他制御を実装するしかありません．したがって，Critical 構文の指定が必要となります．その例を以下に示します．

```
!$omp parallel do private( j )
do i=1, n
    j = indx( i )
!$omp critical
    a( j ) = a( j ) + 1
!$omp end critical
enddo
!$omp end parallel do
```

なお，この例ではユーザが indx(j) のパターンについて，流れ依存が生じないことを保証する場合は，並列化可能です．

2.5 高性能を追求するために

2.5.1 自分で各スレッドに割り当てるループ担当範囲を設定する

2.3節の「スケジューリング」で説明したように，ループ長が実行時に不明な場合，スケジューリングの方法を変更し，チャンクサイズの指定をすることで，負荷バランスを均衡化させることができます．しかしながら欠点としては，チャンクサイズの指定を実行ごと，もしくは，計算機が変わるごとに行わないと，性能が保証されません．

そこで，実行時にループ長を調べ，自ら計算負荷が均衡になるような OpenMP プログラミングをしておくと，チューニングの手間を削減できます．また，dynamic 指定で生じる，OpenMP を利用したことによる実行時間の増加（オーバーヘッド）がありませんので，高速化にも寄与するはずです．

そこで以下に，自分で各プロセスのループ担当範囲を記載した例（Fortran言語）を載せます．

```
!$omp parallel do private( S, J_PTR, I)
      DO K = 1, NUM_SMP
        DO I = KBORDER(K-1)+1, KBORDER(K)
          S = 0.0D0
          DO J_PTR = IRP(I),IRP(I+1)-1
```

```
                    S = S + VAL(J_PTR) * X(ICOL(J_PTR))
              END DO
              Y(I) = S
          END DO
      END DO
!$omp end parallel do
```

　以上のループでは，最も外側の K ループが，スレッド個数分のループになっています．この K ループは Parallel 構文で並列化されているため，スレッドごとに異なる値を持ち，一度だけ実行がされます．そのため，K 変数の値を参照し，事前に入れておいたスレッドごとのループの開始値と終了値の配列 KBORDER(K-1)+1 と KBORDER(K) を参照することで，スレッドごとのループ担当範囲を知ることができます．

　ここで，内部の J_PTR ループは，長さが IRP(I)～IRP(I+1)-1 なので，ループ K に対応する演算量が均一である保証がありません．そこで，事前に IRP(I)～IRP(I+1)-1 のジョブ量を調べておき，ループの開始値と終了値の配列 KBORDER(K-1)+1 と KBORDER(K) を設定することで，実行前に，各スレッドが担当するループ範囲について連続する割り当てで，かつ，それで負荷が均衡する問題に適用できます．

　以上から，通常は Dynamic 節での動的スケジューリングが必要となりますが，事前に負荷状況が調べておける場合は，Static 節での動的スケジューリングで実装できます．一般に，動的スケジューリングよりも静的スケジューリングのほうが並列化のオーバーヘッドが少なく高速化が期待できるので，上記の方法が高速化につながります．

　ただしこの方法は，実行ごとに実行時に負荷が動的に変わっていく場合は，事前に負荷量を均衡化する処理時間が無視できなくなることがあるので，かえって遅くなることもあります．一度計算負荷が決まったら，何度も同じ計算負荷で処理を行う場合に向いている方法です．具体的には，本書の例題にある，CG 法における**疎行列–ベクトル積**（**Sparse Matrix-vector Multiplication**，**SpMV** と省略されることが多い）で利用できる方法です．

2.5.2 自分でリダクションを記載する

すでに説明したように，Reduction 節を用いた処理は排他制御が必要になるため，スレッド数が増加すると並列化のオーバーヘッドが増えます．その結果，並列化性能が得られにくくなります．この場合，計算機環境に依存して，自分でリダクション処理を記載するほうが高速になる場合があります．

以下に，自分でプロセス間の加算処理を記載した例（Fortran 言語）を載せます．

●呼び出し手続き中

```
...
        ib = NN / omp_get_max_threads()
        do i=0, omp_get_max_threads()-1
          dtemp_t(i) = 0.0d0
          istart(i) = 1 + ib*i
          iend(i) = (i+1)*ib
        enddo
        iend(omp_get_max_threads()-1) = NN
        call Reduction(A, NN, ib, dtemp_t, istart, iend)
...
```

● Reduction 手続き

```
        subroutine Reduction(A, n, ib, dtemp_t, istart, iend)
        use omp_lib
        include 'reduction.inc'

        double precision A(NN)
        integer n, ib
        double precision dtemp_t(MAX_THREADS)
        integer istart(MAX_THREADS), iend(MAX_THREADS)
        integer i, k
```

```
      double precision dtemp

!$omp parallel do private(i)
      do k=0, omp_get_max_threads()-1
        do i=istart(k), iend(k)
          dtemp_t(k) = dtemp + A(i) * A(i)
        enddo
      enddo
!$omp end parallel do
      dtemp = 0.0d0
      do k=0, omp_get_max_threads()-1
         dtemp = dtemp + dtemp_t(k)
      enddo
      return
      end
```

以上の例は，配列 A(NN) のデータの内積を計算するプログラムです．手続き Reduction 中で OpenMP で並列に内積を計算しています．この際，i スレッドが担当するループの範囲を istart(i)〜iend(i) に設定しています．また，i スレッドが途中の計算結果を収納する配列 dtemp_t(i) を事前に確保し，中身を 0 にしておきます．Reduction 手続き内の Parallel 構文で，並列に内積を計算します．その後のループで，逐次に結果を加算します．

一方，リダクション演算についての呼び出しが複数あって，かつ，その呼び出しループに並列性がある場合，内部のリダクション演算は逐次演算で行い，かつ呼び出しのループ自体をスレッド並列化するほうが高速になるかもしれません．たとえば，以下の例（Fortran 言語）です．

```
!$omp parallel do
      do i=1, MAX_ITER
        call Reduction_seq(A, NN)
      enddo
!$omp end parallel do
```

以上の実装のバリエーションのうち，どの実装が速いかは，利用するスレッド数，ハードウェアによるリダクション演算機能のある/なし，で決まります．

なお，本書で公開する OpenMP のコード（解答コード）で，複数のリダクション演算の実行時間を調べるプログラムを用意していますので，実際に速度を調べてみてください．

2.5.3 呼び出し関数の引数が多い

いままでの説明で，ループ中に変数が多いと，Private 節に記載する変数が多くなることがありました．一方で，関数（手続き）を呼び出すループを Parallel 構文で並列化する場合，出力のための関数引数については，自動的にプライベート化されます．

そこで，Private 節に記載する変数を減らす目的で，対象部分を関数化する実装をする場合がありました．この場合，関数（手続き）引数の数が増えることになります．以下にその例（Fortran 言語）を示します．

```
!$omp parallel do
do i=1, 100
    call foo( i, arg1, arg2, arg3, arg4, arg5,..., arg100)
enddo
!$omp end parallel do
```

以上の例では，foo 手続きの引数は自動的にプライベート変数になるため，Private 節に記載する必要がありません．ですので，コーディング量を減らすことができます．

しかし以上の結果，OpenMP 並列化時に予想外の性能低下を引き起こしました．その原因は，手続きの引数を増やしたことで，関数呼び出し時間が増加して，スレッド並列化の効果を相殺したからです．

上記のプログラムを実行するとき，引数渡しの処理を実装する理由から，手続き呼び出し時のオーバーヘッドが増加することがあります．これは並列処理に限らず，逐次処理でも生じます．その結果として，スレッド実行時においても関数呼び出しのオーバーヘッドが無視できなくなり，並列処理での高速化が制限されます．

以上のプログラムの問題を解決するためには，大域変数で必要な変数を引き渡し，スレッド内で書き込むデータについては，スレッドごとに個別の配列を確保するようにプログラムを書き直す必要があります．この書き直しは，たとえば前項の自分でリダクションを記載する例と同様に，スレッドごとに配列を用意して，スレッドごとにデータを読み書きするように変更するものです．

2.5.4 Parallel 構文の入れ子

Parallel 構文は，Do 節で分離して記載できる仕様になっています．たとえば，以下の書き方（Fortran 言語）です．

```
!$omp parallel
!$omp do private(j,tmp)
do i=1, 100
   do j=1,  100
      tmp = b( j ) + c( j )
      a( i ) = a( i ) + tmp
   enddo
enddo
!$omp end do
!$omp end parallel
```

ところが，1ループが並列化の対象の場合，上記のように分離して記載すると，Do 節の場所でループごとに並列処理を起動する（fork する）コードを生成するコンパイラがあります．そのコンパイラは，並列化の速度が低下することがあります．このことは，コンパイラ最適化にとって正常とは言えませんが，著者の経験では最適化能力が低いコンパイラではこのようなコードが生成されることがありました．

そこで，コーディングの作法として，Parallel 構文の対象が1ループであるのなら，`parallel do`（もしくは，`parallel for`）の1文で記載したほうがよいことになります[2]．以下にその例（Fortran 言語）を示します．

---

[2] ただし，コンパイラによっては，逆に `parallel do` の1文にすると性能低下するコンパイラもありました．双方の性能を確かめる必要があります．

```
!$omp parallel do private ( j, tmp )
do i=1, 100
   do j=1,  100
      tmp = b( j ) + c( j )
      a( i ) = a( i ) + tmp
   enddo
enddo
!$omp end parallel do
```

2.5.5 複数ループの内側を並列化したい場合

前項では，1行で本質的に記載できるParallel構文を分割した例を示しました．ここでは，複数ループの内側を並列化したい場合を考えます．その場合は，Parallel構文を分割したほうが高速になります．以下にその例（Fortran言語）を示します．

● Parallel構文を1行で書く例

```
do i=1,  n
!$omp parallel do
   do j=1,  n
      <並列化できる式>
   enddo
!$omp end parallel do
enddo
```

● Parallel構文を分割して書く例

```
!$omp parallel
do i=1,  n
!$omp do
   do j=1,  n
      <並列化できる式>
```

```
    enddo
!$omp end do
enddo
!$omp end parallel
```

　ここで，なぜ Parallel 構文を分割したほうがよいのかというと，1 行で Parallel 構文を記載すると，その場所で並列処理の開始 (fork) と，並列処理の終了 (join) が行われ，対象箇所が実行されるたびに，fork と join の処理時間がかかってしまいます．それに対し，分割すると，最初の 1 回のみ fork が行われ，内部の Parallel 構文の対象の式が実行されるときには fork が起こらないため，並列処理のオーバーヘッドが削減できるためです．

　ただし，外側ループを並列化できるときは，その実装のほうが性能が良いことがあります．したがって，外側ループにデータ依存があり並列化できない場合において，上記の実装が推奨されます．

2.5.6　ファーストタッチ

　計算機アーキテクチャに依存しますが，OpenMP での並列化特有の高速化技法である**ファーストタッチ (First Touch)** という技法について説明します．

　ファーストタッチとは，マルチコア計算機の中でも，ccNUMA (Cache Coherent Non-Uniform Memory Access) のハードウェア向けの，メモリ最適化の方法です．ccNUMA のメモリ構造の特性を利用することで，高速なメモリ上にあるデータを利用することができます．データの読み出し時間を短縮することで，処理時間の短縮，および並列処理の効果を高めることができます．図 2.25 にその説明を載せます．

　図 2.25 では，ccNUMA アーキテクチャでは各 CPU（コア）の近くにローカルなメモリがあり，かつ，それぞれのメモリは結線されて共有メモリを構成しています．この共有メモリへのデータの読み書きの時間が，各 CPU からの距離により時間が異なるのが，ccNUMA の特徴です．すなわち，各 CPU から近いメモリへのデータの読み書きは速いのですが，遠くのメモリへのデータの読み書きが遅い構成になっています．したがって，頻繁に読み書きするデータは，近いメモリへ配置すると高速化につながります．

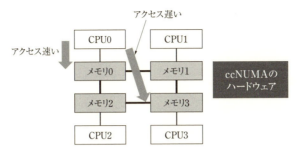

図 2.25　ファーストタッチの説明（ccNUMA アーキテクチャ）

　スレッドプログラムでは，確保されたばかりの配列は，どのメモリ上に置かれるか決まっていません．各コアにおいて最初に配列をアクセスするタイミングで，最も近いメモリ上にデータが配置されます．したがってこの原理により，最初に配列をアクセスするときに，主演算と同じ方法でスレッド並列実行を行うようにすれば，近いメモリに配列が配置されます．
　そこで通常は，最初に配列の初期化を行いますので，配列の初期化時に，主計算と同じ方法で配列の初期化をすれば，ファーストタッチが実現できます．以下にその例を載せます．

● C 言語の例

```
//ファーストタッチのための初期化（プログラムの一番最初に実行すること）
#pragma omp parallel for private( j )
for (i=0; i<100; i++) {
  for (j=0;　j<100; j++) {
    a[ i ] = 0.0;
    amat[ i ][ j ] = 0.0;
  }
}
…
//ファーストタッチデータを利用した本計算
#pragma omp parallel for private( j )
for (i=0; i<100; i++) {
  for (j=0;　j<100; j++) {
```

```
    a[ i ] = a[ i ] + amat[ i ][ j ]* b[ j ];
  }
}
```

● Fortran 言語の例

```
!ファーストタッチのための初期化（プログラムの一番最初に実行すること）
!$omp parallel do private( j )
do i=1, 100
   do j=1,  100
       a( i ) = 0.0d0
       amat( i , j ) =0.0d0
   enddo
enddo
!$omp end parallel do
...
! ファーストタッチデータを利用した本計算
!$omp parallel do private( j )
do i=1, 100
   do j=1,  100
       a( i ) = a( i ) + amat( i , j ) * b( j )
   enddo
enddo
!$omp end parallel do
```

　以上の例では，配列 amat[i][j] と a[i] が，事前の初期化のときに近いメモリ上に配置されます．次に本計算のときにそれらが利用され，ファーストタッチが実現されます．

　ここで，ファーストタッチができるかどうかは，本計算の計算パターンを知っているかどうかに依存します．プログラムを自前で作成するユーザはファーストタッチが実現できることが多いです．

　一方で，数値計算ライブラリを利用する場合は，ライブラリ内の主演算のパターン（実装方法）が不明なため，そのままではファーストタッチが実現

できません．数値計算ライブラリでファーストタッチをするには，数値計算ライブラリが提供する初期化 API を利用するか，それとも，OS が提供する NUMA 用ツール群（Linux の libnuma など）を利用する方法があります．

また，スレッドをコアへ割り当てるには，何も指定しないと OS 任せとなるため，実行ごとに異なるコアに割り当てられることがあります．その結果，実行時間が変動することがあります．スレッドとコアの割り当てを指定する方法が提供されているので，それを用いるとよいです．このような，スレッド（ジョブ）と CPU（コア）の割り当ての関係をアフィニティ（**Affinity**）と呼びます．

アフィニティを取り扱うツールとしては，たとえば，Intel 社の CPU では，**KMP_AFFINITY** という環境変数があります．利用する計算機環境のアフィニティのツール群を調べて，利用することを勧めます．

● 実例

東京大学情報基盤センターに設置されていた T2K オープンスパコン（東大）を 1 ノード 16 スレッド利用した例を紹介します．CPU は AMD Quad Core Opteron (Barcelona) です．1 ノードは，4 ソケット（ソケットは，CPU ボードの単位）あります．1 ソケット当たり 4 コアの AMD Quad Core Opteron を搭載しています．合計で，16 コアの ccNUMA 型計算機を例にとり，ファーストタッチの性能を紹介します．

ここでの対象は，疎行列–ベクトル積演算です．以下にコードの実例（Fortran 言語）を示します．

```fortran
!$omp parallel do private ( S, J_PTR, I )
DO K = 1, NUM_SMP
   DO I = KBORDER(K-1)+1, KBORDER(K)
     S = 0.0D0
     DO J_PTR = IRP(I), IRP(I+1)-1
       S = S + VAL(J_PTR) * X( ICOL(J_PTR) )
     END DO
     Y(I) = S
```

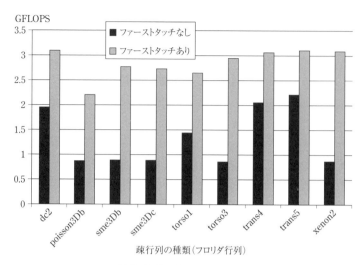

図 2.26 ファーストタッチの効果（疎行列–ベクトル積，T2K オープンスパコン（東大版）1 ノード，16 スレッド実行）

```
      END DO
    END DO
!$omp end parallel do
```

結果を，図 2.26 に示します．

図 2.26 は，テスト用の疎行列として業界標準になっているフロリダ大学疎行列コレクション [12] から，ファーストタッチの効果があったものをいくつか抽出した結果です．縦軸は **GFLOPS** (Giga Floating Operations Per Second) で，値が大きいほど高性能なります．

結果として，ファーストタッチを行うことで，最大で 3.4 倍程度の速度向上があります．したがって，ファーストタッチの効果はこの計算機環境では大きいといえます．

ファーストタッチの注意としては，NUMA の計算機アーキテクチャでないと効果がないことに加えて，疎行列の形状によっても，その効果は異なることがあります．一般に，帯行列のように対角要素にデータが集まっている疎行列では，データの局所性が高いので，ファーストタッチの効果が出やすくなります．逆にいうと，零要素の位置がランダムになっているような疎行

列では，効果が出にくくなります．

したがって，プログラムの特性に加えて，データの性質も，ファーストタッチの性能に影響します．

2.6 例題 I（密行列の行列–行列積）

密行列の行列–行列積の処理を考えます．いま，行列 A を，$n \times n$ の実数行列，ベクトル y と x は，次元 n の実数行列とします．このとき，演算は

$$y = Ax \tag{2.1}$$

となります．プログラムにすると，以下の 3 重ループとなります．

● C 言語の場合

```
for(i=0; i<n; i++) {
  for(j=0; j<n; j++) {
    for(k=0; k<n; k++) {
      C[i][j] += A[i][k] * B[k][j];
} } }
```

● Fortran 言語の場合

```
do i=1, n
  do j=1, n
    do k=1, n
      C(i, j) = C(i, j) + A(i, k) * B(k, j)
    enddo
  enddo
enddo
```

以上の演算を，OpenMP を用いて並列化してください．

並列化する場合，演算の並列性について考慮してください．図 2.27 に，データアクセスパターンを示します．

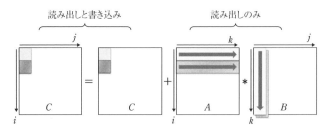

図 2.27　密行列の行列–行列積のデータアクセスパターン

図 2.27 では，配列 A と B はデータの読み出しのみであることがわかります．一方で，配列 C はデータの読み出しと書き込みがあります．ただし，配列 C は，i ループの方向に演算を並列に行っても，書き込みについてはデータ依存がありません（ただし，配列 B については同時に読み出しがありますが，OpenMP でのスレッド並列化では問題ありません）．したがって，i ループの方向にスレッド並列化を行うことができます．

以上を考慮して，OpenMP での並列化を行ってください．なお，本例題には本書の付録のプログラムを用いることができます．

2.7　例題 II（疎行列の行列–ベクトル積）

例題 I では，密行列の行列–行列積の並列化を行いました．ここでは，実際の科学技術計算でより多く用いられる，疎行列–ベクトル積 (**Sparse Matrix-vector Multiplication**, **SpMV**) について，並列化の演習をします．

SpMV の主演算は，以下になります．

$$y = \hat{A}x \tag{2.2}$$

ここで，ベクトル x と y については，密行列のときと同じで，実数で密のベクトルです．一方，行列 $\hat{A}$ ですが，要素に零要素が多い $n \times n$ の実数行列である疎行列です．

要素に零要素が多いので，密行列のように，2 次元配列の A[N][N] を確保して行列要素を保持すると，零要素のデータについて要素を確保しないといけないのと，零要素なのに演算をしなくてはいけないのと，さらに不要な演

算量が増加するため，よくありません．そこで，零要素を省いた行列データの収納形式が採用されています．

零要素を省いた行列形式のことを，**疎行列データ形式 (Sparse Matrix Data Format)** と呼びます．疎行列データ形式は，多数提案されています．

2.7.1 COO 形式

最も単純，かつ直観的なデータ形式に，**COO (Coordinate)** 形式があります．COO 形式では，$y = \hat{A}x$ をするために，以下のデータ構造を導入します．

- ICOL：右辺ベクトル x のアクセスパターン（非零要素に対応するベクトル x のインデックス）．

- YCOL：左辺ベクトル y のアクセスパターン（非零要素に対応するベクトル y のインデックス）．

以上のデータ構造から，行列 $\hat{A}$ の非零要素を a_{ij} とする場合，ICOL に j が，YCOL に i が収納されます（図 2.28）．したがって，直観的に非零要素の場所を収納している方式といえます．

COO 形式での SpMV のプログラミング例は，以下になります．

● COO 形式のプログラミング例（Fortran 言語）

```
DO J_PTR=1, NNZ
   II = ICOL(J_PTR)
   KK = YCOL(J_PTR)
```

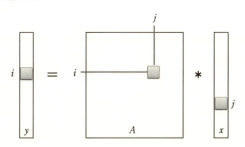

図 2.28　SpMV のデータアクセスパターン

```
Y(KK)=Y(KK)+VAL(J_PTR)*X(II)
END DO
```

以上のCOO形式の欠点は，2回の間接参照（たとえば，II = ICOL(J_PTR) をしてから演算 VAL(J_PTR)*X(II) をするので，II を得るために配列をアクセスすることが間接参照）が必要なことです．間接参照をすると，メモリ上のデータをアクセスするため，データ読み出しの待ち時間が必要となり，演算効率を下げます．そのため，全体の演算効率が悪化します．

一方，利点は，疎行列 A の効率的な収納が可能ということです．これは，零要素が一切収納されない形式であるということです．また，零要素を収納した配列 VAL（疎行列 $\hat{A}$ の値のリスト）のアクセスパターンは連続である点です．データアクセスが連続ですと，ハードウェアやコンパイラの最適化が施しやすいので，演算効率が良くなります．

また，最外ループ J_PTR の長さは大変長くなります．ここで，NNZ は非零要素数です．したがって，疎行列の非零要素数の長さがあることになります．最外ループの長さが大きいと，このループをスレッド並列化する場合に，並列化のためのオーバーヘッドが少なくなるので，並列化に有利となります．

2.7.2 行方向圧縮と列方向圧縮

COO 形式に限らず，疎行列データ形式においては，非零要素を**行方向圧縮**（**Column-wise Storage**）していくのか，非零要素を**列方向圧縮**（**Row-wise Storage**）していくのかの選択があります．これを，図 2.29 に示します．

行方向圧縮と列方向圧縮で，どちらの形式が良いかは，非零要素の分布に

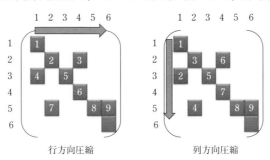

図 **2.29** 行方向圧縮と列方向圧縮

依存します．一概に，どちらの圧縮形式が良いとは言えません．なるべく，右辺ベクトル x が連続アクセスになる圧縮形式が速度の観点から良いといえます．

COO 形式を OpenMP 並列化する場合，長い外側のループを並列化するのが効果的です．以下にその例（Fortran 言語）を示します．

```
!$omp parallel do private(J_PTR,II,KK)
DO K=1,NUM_SMP
  DO J_PTR=ISTART(K),IEND(K)
    II = ICOL(J_PTR)
    KK = YCOL(J_PTR)
    YY(KK,K)=YY(KK,K)+VAL(J_PTR)*X(II)
  END DO
END DO
!$omp end parallel do
DO K=1,NUM_SMP
  DO I=1, N
    Y(I) = Y(I) + YY(I,K)
  END DO
END DO
```

以上の並列化では，最大スレッド数を NUM_SMP として，スレッド数分の右辺ベクトルを用意した配列 YY(1:N,1:NUM_SMP) を用意します．その上で，前半のループで，スレッドごとに並列に SpMV を行います．このスレッドごとに SpMV を行った結果は中間結果であり，逐次演算の結果と一致していません．

そこで，後半のループで，スレッドごとに SpMV を行った結果を加算して，逐次の結果と一致させます．ここでの実装では，足し込みは演算量が少ないので並列化をせずに逐次で行っています．

2.7.3 CRS 形式

COO 形式は直観的でわかりやすいのですが，間接参照が2回あるので，性能的

に不利になります．そこで，間接参照を1回に抑え，かつ圧縮効率のよい方法がよく使われています．この方法でよく知られているのが，**CRS** (**Compressed Row Storage**) 形式，もしくは，**CSR** (**Compressed Sparse Row**) 形式です．

CRS 形式では，非零要素の値の配列 val(1:NNZ)，非零要素の行方向のインデックス配列 ICOL(1:NNZ)，および，各行の最初の要素が入っている配列のインデックス配列 IRP(1:N+1) の3つの配列を用意します．ここで，NNZ は非零要素数，N は疎行列の次元（行数）です．CRS 形式での表現例を図 2.30 に示します．

図 2.30 では，配列 VAL に非零要素のみが連続で入ります．また，配列 ICOL に非零要素の行方向のインデックスが連続で入ります．配列 IRP は各行の最初の要素のインデックスを保持しているため，IRP(i)〜IRP(i+1)-1 で，i 行の非零要素の値を指定できます．また最後の行の要素を計算するため，IRP(N+1) に，NNZ+1 の値を代入しておきます．

以上のデータ構造を用いると，CRS 形式でのプログラム（Fortran 言語）は以下のようになります．

```
DO I=1, N
  S = 0.0D0
```

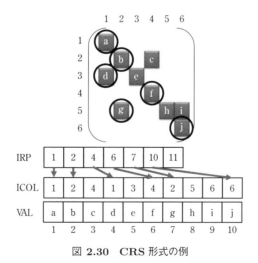

図 **2.30** CRS 形式の例

```
  DO J_PTR = IRP(I), IRP(I+1)-1
    S = S + VAL(J_PTR) * X( ICOL(J_PTR) )
  END DO
  Y(I) = S
END DO
```

　以上のプログラムでは，疎行列の行（= 行列の次元）レベルの並列性を利用して並列化ができます．つまり，最外側のループである I ループの並列性を利用できます．ループの長さは疎行列の行数 N のため，ループ長が長いことが期待できますので，並列化による効果も期待できます．

　CRS 形式の並列化の欠点は，各行の計算負荷は，各行の非零要素数で決まる点です．このことから，単純な行レベルの並列化では，疎行列構造に依存して，負荷バランスが悪くなる点です．

2.7.4　ELL 形式

　CRS 形式では，非零要素を効率よく圧縮できるという利点がありますが，欠点としては，内部ループのループ長が各行当たりの非零要素数になるため，実行しないとループの長さがわからないことです．このため，多くのコンパイラでの最適化を阻害し，実行効率の低下を招きます．そこで内部ループのループ長を固定することを目指した形式もあります．その 1 つが，**ELL (Ellpack)** 形式です．

　ELL 形式は間接参照がなくループ長が長いのが利点です．その代わりに欠点として，疎行列の非零分布に依存し，非零要素の圧縮効率が悪くなる（= 零要素を押し込む）ことによる余分な演算量の増加が生じます．図 2.31 に ELL 形式による表現例を示します．

　図 2.31 では，非零要素を左側に圧縮した 2 次元の行列をつくり，その行列の行数を NE とします．この圧縮の際，零要素を保持する必要が生じますので，零要素は「0」の値を入れ込みます．このことにより，疎行列の値を圧縮する際に不要なメモリと演算が生じます．

　図 2.31 の ELL 形式でのプログラム例（Fortran 言語）を以下に示します．

```
J_PTR = 1
```

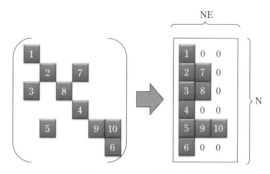

図 2.31　ELL 形式の例

```
DO K = 1, NE
  DO I = 1, N
    II = ICOL(J_PTR)
    Y(I) = Y(I) + VAL(J_PTR) * X(II)
    J_PTR = J_PTR + 1
  END DO
END DO
```

　以上のプログラムで使用されるのは，非零要素の配列 VAL に，図 2.31 の 2 次元配列の中身を，零を含めて列方向に詰めていって 1 次元配列にしたものです．また，配列 ICOL は，非零要素の列方向のインデックスリストで，ベクトル x の要素を参照するために必要になります．

　ELL 形式の利点として，内部ループのループ長は，疎行列の行数 N となり，固定化されて，かつ長いループが確保できます．加えて，工学の分野で現れる問題から生じる疎行列では，高い圧縮率を保つことが可能です．たとえば，**ステンシル行列 (Stencil Matrices)** に向いた形式です．ステンシル行列とは，有限差分法などから生じる行列で，1 行当たりの非零要素数がほぼ固定数で数個になっている行列です．そのため，ELL 形式で圧縮すると，零要素を押し込む個数が少なくなります．

　ELL 形式を OpenMP で並列化するときには，2 つの方向があります．それは，外側のループで並列化するか，内側のループで並列化するか，です．

　外側ループで並列化する場合，その並列性は，ELL 形式での列数 NE で決

まります．列数 NE が最大スレッド数よりも小さいと，並列化による速度向上が期待できません．ただし，内側ループはループの長さが N と長いため，コンパイラによる最適化の効果が期待できます．

内側ループを並列化する場合，ループ長が疎行列の列数 N と長いので，本質的にスレッド並列化には向いています．ただし，N が利用するスレッド数に対して短くなる状況では，スレッド数が増えると並列化による速度向上を低下させる可能性があります．

以上から，外側ループ，内側ループのどちらで並列化するとよいかは，計算機ハードウェアと疎行列の特性で決まります．以下に内側ループの並列化例（Fortran 言語）を載せます．

●内側ループの並列化例

```
DO K=1, NE
  KK = N * (K-1)
!$omp parallel do private( J_PTR, II )
  DO I=1, N
    J_PTR = KK + I
    II = ICOL(J_PTR)
    Y(I) = Y(I) + VAL(J_PTR) * X(II)
  END DO
!$omp end parallel do
END DO
```

以上の内側ループの並列化では，Parallel 構文での並列化に Reduction 節がないため，高効率の実行が期待できます．

以下に最外ループでの並列化例（Fortran 言語）を載せます．

●最外ループでの並列化例

```
!$omp parallel do private( K, KK, I, J_PTR, II )
DO J=1, NUM_SMP
  DO K=ISTART(J), IEND(J)
```

```
      KK = N*(K-1)
      DO I=1, N
        J_PTR = KK + I
        II = ICOL(J_PTR)
        YY(I,J) = YY(I,J) + VAL(J_PTR) * X(II)
      END DO
    END DO
END DO
!$omp end parallel do
DO K=1, NUM_SMP
  DO I=1, N
    Y(I) = Y(I) + YY(I,K)
  END DO
END DO
```

　以上のコードでは，まず外側のループをスレッドごとに回すため，いままでも説明したように，最大スレッド数 NUM_SMP の K ループを用意します．また，各スレッドでの担当範囲のループを保持する配列 ISTART(1:NUM_SMP)，IEND(1:NUM_SMP) を事前に用意します．また，各スレッドごとに独立して右辺 y の値を計算するため，2 次元配列 YY(1:N,1:NUM_SMP) を用意します．その上で，Parallel 構文で並列に実行します．次に，それぞれ得られた YY(I,J) の値は中間結果なので，後ろのループでスレッド間のデータを逐次で足し込み，最終結果とします．

　以上のコードでは，リダクション演算が必要となり，並列化の速度向上を低下させます．その反面，内側ループのループ長が N と長いループ長で固定できるメリットがあります．したがって，長いループ長で高性能となる計算機（たとえば，ベクトル計算機）での実行で効果的となります．

　なお，近年の CPU では，ELL 形式の行列を行方向にデータを収納し，I ループを K ループと交換する（つまり，最内ループを K ループにする）ことで，外のループ長を N にして，スレッド並列性を高める方法が有効になることがあります．

ELL 形式は，ループ長を長く固定できるので，ベクトル計算機でよく利用された方法でした．また近年では，GPU においても，高い性能が発揮できることが確認されています．

2.7.5 その他の疎行列データ形式

その他の疎行列データ形式を，本項では紹介します．

- **BCRS (Blocked CRS) 形式**, もしくは, **BCSR (Blocked CSR) 形式**

キャッシュブロック化を行った CRS 形式です．$m \times m$ の小行列単位で，非零要素を管理します．疎行列の値の配列 VAL，列情報の配列 ICOL に加えて，この小行列へのポインタ構造の配列が必要となります．$m \times m$ の小行列単位において非零要素がない場合は 0 を押し込むため，メモリ量と演算量が増加します．疎行列構造により，この小行列単位で SpMV を行うため，キャッシュのヒット率が向上し，演算性能が向上します．

- **DIA 形式，DS (Diagonal Storage) 形式**

対角行列用の疎行列データ圧縮形式です．対角行列の対角行の本数である M 本の配列（非零要素の値（対角要素）の格納用）のみで構成します．間接参照がないため，高性能で実装できますが，対角行列以外では利用できません．

- **JDS (Jagged Diagonal Storage) 形式**

ELL 形式に変換後，零要素を詰める形式です．ベクトル長が長くなるように行列を，ELL 形式の配列において列の長さをキーとしてソートし，ベクトル長が長い列を最初に持ってきます．ベクトル長が長い演算が多くなるため，ベクトル計算機で用いられた形式です．

- **SS (Segmented Scan) 形式**

疎行列データ形式は CRS 形式を採用します．各スレッドでの計算量が均等になるように，1 行当たりの非零要素を分割（もしくは融合）して，SpMV の計算をする方式です．行のつなぎの部分は，別途，足し込む処理が入りま

す．疎行列構造によらずベクトル長を長く保てるため，ベクトル計算機向きの方法として提案されました．1 行だけ非零要素数が極端に大きい行列でも，高いスレッド並列性能を維持可能です．

- **BSS (Branchless Segmented Scan) 形式**

SS 形式の最内部に存在する IF 文を取り除くデータ構造を導入した形式です．このことで，スカラ計算機でも高い性能を発揮します．櫻井らにより開発された，数値計算ライブラリ Xabclib で採用されている形式 [13] です．

近年，マルチコア CPU や GPU で，高いスレッド性能を発揮できるとして注目されている形式があります．それは，以下の **Sliced ELL 形式**，もしくは，**BELL (Blocked ELL) 形式** です．

- **Sliced ELL 形式（BELL (Blocked ELL) 形式）**

あるスライスサイズを決めて，スライスサイズごとに異なる ELL 形式をとる形式です．ELL 形式において，零要素の混入が多い場合に有効となります．スライスごとに，スレッド並列化が簡単にできます [15]．また，MPI を用いた分散並列化も容易です．

そのほか，SpMV ではメモリからのデータ読み出し量が多いため，メモリからのデータ圧縮を行うことで，データ読み出し量を減らし高速化する方法が提案されています．特に，高いスレッド数での実行において，効果が確認されています．以下に概要を示します．

- **データ圧縮を行う形式**

整数のインデックス（非零要素の列番号）を整数で保存するのではなく，前の要素からの差分で位置を表現します [14]．このようにすることで，8 bit 整数から，2 進数に変更できます．結果として，メモリからの読み出し量が削減されて，データ圧縮ができます．ただし，bit 操作の演算が必要となるので，ハードウェアにおいて bit 操作が高速にできることが条件です．

- **混合 (Hybrid) 形式**

いままでの疎行列データ形式は，疎行列を表現するために単一の形式を採

用していました．ところが，疎行列を分解して和 ($\hat{A} = \hat{B} + \hat{R}$) にすれば，疎行列 $\hat{B}$ と $\hat{R}$ で，異なる疎行列データ形式を利用できます．このようにして，演算効率を高める方法が，混合形式です．

よく用いられるのは，ELL 形式でなるべく零要素が混入しないように $\hat{B}$ を決め，残りの部分である $\hat{R}$ を CRS 形式にして所有する方法です．混合形式を用いて SpMV をすると，GPU で高い効率を達成できることが報告されています [16]．

2.7.6 性能実例

ここでは，Intel Xeon Phi コプロセッサ (Xeon Phi) を利用して，いろいろな疎行列圧縮形式を用いた SpMV を OpenMP 実装した性能実例について紹介します．CPU は，Xeon Phi 5110P (1.053 GHz) で，1 ノード当たり 60 コアあります．Hyper Threading (HT) を利用することで，最大 240 スレッド実行が可能です．ここでは，1 スレッドから 240 スレッド実行までの性能を GFLOPS で示します．

ここでは，フロリダ大学 SuiteSparse Matrix Collection から，epb1 を選択しました．また，疎行列データ形式は，CRS 形式，CRS 形式 (NNZ)，BSS 形式，SS 形式，COO 形式（行圧縮），COO 形式（列圧縮），ELL 形式（内部ループ並列化），ELL 形式（外部ループ並列化）です．ここで，CRS 形式 (NNZ) とは，事前に負荷均衡になるように各スレッドでのループ範囲を均衡化した CRS 形式です．図 2.32 に評価結果を載せます．

図 2.32 では，スレッド数が 1〜16 までは，ELL 形式（内部ループ並列化）が CRS 形式に対して高速となります．特にスレッド数 1 では，ELL 形式が CRS 形式に対して 4.6 倍ほど高速です．ですので，適する疎行列データ形式にすることはメリットが大きいといえます．

一方，スレッド数が増えていくにつれ，CRS 形式が高速になっていきます．このことから，スレッド数が増えると適する疎行列データ形式は変わることがわかります．

以上から，計算機環境や疎行列の特性を考慮した疎行列データ形式の選択は重要な性能チューニング項目となることがわかると思います．

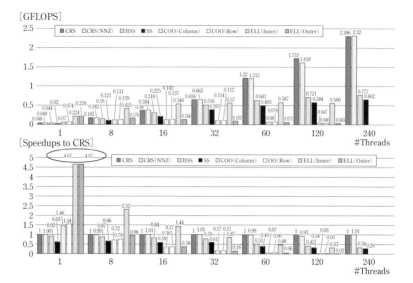

図 2.32 SpMV の性能例（epb1，Intel Xeon Phi，1 ノード（240 スレッド実行））

2.7.7 演習問題：各行で非零要素数が固定の場合

1 行当たりの非零要素数を固定した場合において，CRS 形式を用いた SpMV の OpenMP 並列化を行ってください．

既に説明したように CRS 形式では，疎行列の行レベルに並列性があるので，その特性を使って並列化ができます．

以上を考慮して，OpenMP での並列化を行ってください．なお，本演習問題には本書の付録のプログラムを用いることができます．

2.7.8 演習問題：各行で非零要素数が変化する場合

1 行当たりの非零要素数が変化する場合において，CRS 形式を用いた SpMV の OpenMP 並列化を行ってください．並列化の方針は，前項の各行で非零要素数が固定の場合と同様に並列化ができます．

ここでは，疎行列 $\hat{A}$ について，以下のような非零要素の分布を考えます．

- 1 行〜$N/2$ 行までの非零要素数は 1 個で，対角要素のみ．
- $N/2+1$ 行〜N 行までの非零要素数は固定で $NZPR$ 個．$NZPR$ は

定数で，1行当たりの非零要素数です．このとき i 行の要素は $a_{1,i}, a_{2,i},$ $\cdots, a_{NZPR,i}.$

以上の分布から，Parallel 構文でスケジューリングなしで並列化を行うと，0 プロセスと，最も大きなプロセス番号との負荷バランスの差は $NZPR-1$ となるため，激しい負荷の不均衡を生じます．そこで，静的もしくは動的スケジューリング機能を用いて，スケジューリングなしの実行に対し，性能チューニングを行ってください．

以上を考慮して，OpenMP での並列化を行ってください．なお，本演習問題には本書の付録のプログラムを用いることができます．

2.8 例題 III（陽解法によるポアソン方程式の解法）

ここでは，楕円偏微分方程式の数値解法を例 [17] にとり，数値計算の実例の並列化の演習をします．

いま，解きたい 2 次元の問題領域を Ω とします．X 軸の値を x，Y 軸の値を y とするとき，正方領域である $0 < x, y < 1$ を対象とします．

このとき，解くべき方程式（**支配方程式**）は，以下とします．

$$\frac{\partial}{\partial x}\left(-k\frac{\partial u}{\partial x}\right) + \frac{\partial}{\partial y}\left(-k\frac{\partial u}{\partial y}\right) = f \qquad (2.3)$$

ここで，上記の式 (2.3) は，**ポアソン方程式（Poisson Equation）** と呼ばれ，$-\Delta u = f$ とも記載されます．

式 (2.3) を解くため，制約条件をつけます．ここでは，問題領域 Ω の境界上で $u = g$ という値を与え，解の u を求めます．この条件を，**ディリクレ境界条件（Dirichlet Boundary Condition）** と呼びます．

2.8.1 離散格子の作成と離散化

領域 Ω について，x 方向，y 方向に，$m+1$ 等分した離散格子を作ります．ここで，刻み幅 h は

$$h = \frac{1}{m+1}, \qquad (2.4)$$

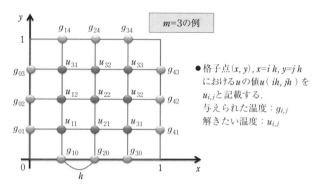

図 2.33 離散格子の例 ($m=3$)

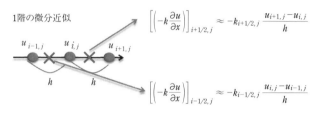

図 2.34 x 方向の中心差分

とします．

ここで，$m=3$ としたときの，離散格子の例を図 2.33 に示します．

式 (2.3) のポアソン方程式を解くため，微分（偏微分）を差分で近似します．このような数値計算手法のことを，**差分法 (Finite Difference Method)** と呼びます．各格子の中心の値で近似する中心差分を行います．このとき，x 方向についての 1 階の中心差分は，図 2.34 になります．

同様に 2 階の中心差分を行うと，図 2.34 の結果を利用して

$$\left[\frac{\partial}{\partial x}\left(-k\frac{\partial u}{\partial x}\right)\right]_{i,j} \approx \frac{-k_{i+\frac{1}{2},j}u_{i+1,j} + \left(k_{i+\frac{1}{2},j}+k_{i-\frac{1}{2},j}\right)u_{i,j} - k_{i-\frac{1}{2},j}u_{i-1,j}}{h} \tag{2.5}$$

となります．

以上で，x の 2 階の偏微分の離散近似ができました．同様に，y の 2 階の偏微分の離散近似を行うと

$$\left[\frac{\partial}{\partial y}\left(-k\frac{\partial u}{\partial y}\right)\right]_{i,j} \approx \frac{-k_{i+\frac{1}{2},j}u_{i,j+1}+\left(k_{i,j+\frac{1}{2}}+k_{i,j-\frac{1}{2}}\right)u_{i,j}-k_{i,j-\frac{1}{2}}u_{i,j-1}}{h}, \tag{2.6}$$

となります．式 (2.3) のポアソン方程式に，式 (2.5) と式 (2.6) の 2 階の差分近似を代入すると，以下の方程式を得ます．

$$-k_{i,j-\frac{1}{2}}u_{i,j-1} - k_{i-\frac{1}{2},j}u_{i-1,j} + \left(k_{i+\frac{1}{2},j}+k_{i-\frac{1}{2},j}+k_{i,j+\frac{1}{2}}+k_{i,j-\frac{1}{2}}\right)u_{i,j}$$
$$-k_{i+\frac{1}{2},j}u_{i+1,j} - k_{i,j+\frac{1}{2}}u_{i,j+1} = h^2 f_{i,j} \tag{2.7}$$

ここで，定数として

$$k_{i,j} = k(ih, jh), \tag{2.8}$$
$$f_{i,j} = f(ih, jh), \tag{2.9}$$

と定義しました．

2.8.2 陽解法の導出

いま，パラメタ k を $k=1$ とすると，ポアソン方程式は

$$-\left(\frac{\partial^2 u}{\partial x^2} - \frac{\partial^2 u}{\partial y^2}\right) = f \tag{2.10}$$

となります．

式 (2.10) のポアソン方程式の解は，式 (2.7) より

$$-u_{i,j-1} - u_{i-1,j} + 4u_{i,j} - u_{i+1,j} - u_{i,j+1} = h^2 f_{i,j} \tag{2.11}$$

となります．

そこで，式 (2.11) を満たすように，格子点 $u_{i,j}$ の値を定めると，以下になります．

$$u_{i,j} = 1/4 \cdot \left(h^2 f_{i,j} + u_{i,j-1} + u_{i-1,j} + u_{i+1,j} + u_{i,j+1}\right) \tag{2.12}$$

式 (2.12) を，すべての格子点について計算して，値 $u_{i,j}$ が収束すれば，それが解と考えられます．このように，直接的に解を計算する方法のことを，**陽解法 (Explicit Method)** と呼びます．

また，式 (2.11) の方程式は，ベクトル x を解 $u_{i,j}$ の並びとし，ベクトル b を，$h^2 f_{i,j}$ の並びで構成されるベクトルとし，行列 A を適切に定めることで，連立 1 次方程式 $Ax = b$ を構成できます．このとき，式 (2.12) の計算で，解ベクトル x を求める反復解法のことを，**ガウス–ザイデル法 (Gauss-Seidel Method)** と呼びます．

ここでガウス–ザイデル法は，ポアソン方程式の解法に限定しない解法ですので，行列 A は式 (2.11) の方程式から生成されるものに限定されないことに注意してください．式 (2.11) は，ガウス–ザイデル法で解く場合，特殊な行列 A についての解法になっています．

2.8.3 陽解法によるポアソン方程式の解法のアルゴリズム

以上をまとめると，図 2.35 のアルゴリズムで，ポアソン方程式の解を求めることができます．

図 2.35 では，配列 $U_{\text{new}}(i,j)$ と $U_{\text{old}}(i,j)$ は，境界領域を考慮し，$U_{\text{new}}(0:M+1, 0:M+1)$ の範囲で配列確保をする必要があります．

2.8.4 ポアソン方程式の陽解法のデータ依存

式 (2.12) の計算は，データの依存関係があります．それを，図 2.36 に示し

---

1. $U_{\text{old}}(i,j)$ と $U_{\text{new}}(i,j)$ $(i,j=1,M)$ に境界条件を代入
2. $U_{\text{old}}(i,j)$ $(i,j=1,M)$ に 0 を代入
3. do $j = 1, M$
4.   do $i = 1, M$
5. $U_{\text{new}}(i,j)$ を式 (2.12) で計算する
6.   end do
7. end do
8. max($\| U_{\text{new}}(i,j) - U_{\text{old}}(i,j) \|$)$(i,j=1,M)$ が ϵ 以下なら収束と判断し，終了．
9. $U_{\text{old}}(i,j) = U_{\text{new}}(i,j)$ $(i,j=1,M)$
10. 3 へ戻る．

図 **2.35** 陽解法によるポアソン方程式の解法（Fortran 言語）

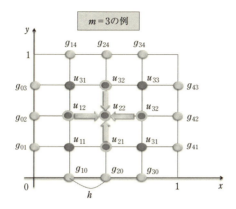

図 2.36 ポアソン方程式の陽解法のデータ依存 ($m = 3$)

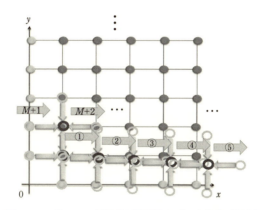

図 2.37 ポアソン方程式の陽解法のデータ依存（逐次）

ます．図 2.36 では，$U(2,2)$ 要素に注目すると，$U(2,2)$ の上下左右の 4 要素を参照して，$U(2,2)$ の要素を更新する必要があります．したがって，図 2.36 が，ポアソン方程式の陽解法のデータ依存関係となります．

図 2.35 のアルゴリズムでは，図 2.36 の依存関係が，$U(i,j)$ について，$i = 1, \cdots, M$，および，$j = 1, \cdots, M$ の順番に生じます．そのデータ依存関係を，図 2.37 に示します．

図 2.37 では，現在更新されたデータを用いて，次のデータの更新がなされるため，逐次化されており，並列化が原理的にできません．たとえば，$U(1,1)$ を更新したら，次の $U(1,2)$ を計算するために，今計算した $U(1,1)$ を参照す

るため，$U(1,1)$ と $U(1,2)$ を同時に計算することができません．

以上から，このままでは，図 2.35 のポアソン方程式の陽解法（ガウス–ザイデル法）は並列化が原理的にできない方法といえます．

2.8.5 データ依存の緩和と赤–黒法の導出

図 2.35 のポアソン方程式の陽解法は並列化できないのでしょうか？ 答えは，そのままでは並列化できませんが，計算を変更することでデータ依存関係を緩和し，実用上問題がないようにアルゴリズムを変更した上で，並列化ができます．

具体的には，図 2.36 を考えると，注目要素 $U(2,2)$ の上下左右しかデータを参照しないので，この上下左右の 4 要素である $U(3,2)$, $U(1,2)$, $U(2,1)$, $U(3,2)$ は並列処理で値を更新できませんが，その他の要素，たとえば $U(1,1)$ は並列処理で同時に値を更新しても，$U(2,2)$ の計算で必要となるデータ依存は壊さないと考えられます．

つまり，1 つ飛びにデータを更新すれば，局所的にみたデータ依存を壊さないと考えられます．このとき，図 2.36 の例（問題領域が 2 次元の例）では，1 つ飛びにデータを更新するとは，隣接しない要素を更新するということなので，すべての要素を更新するには，2 回に分けて処理を行う必要があります．

以上のように，2 次元で 2 回に分けて，1 つ飛びにデータを更新していく方法を，**赤–黒法 (Red-Black Method)** [18] と呼びます．図 2.38 に，赤フェーズ，および黒フェーズでのデータ依存関係の図を示します．

図 2.38 では，赤フェーズ，および，黒フェーズともに，更新されるそれぞれの要素は並列に更新が行えるため，並列処理が可能です．注意は，赤フェーズの要素と黒フェーズの要素については，同時に更新ができません．

図 2.39 に，赤–黒法によるポアソン方程式の解法のアルゴリズムを示します．

図 2.39 のアルゴリズムでは，逐次のアルゴリズムと計算順序を変更するため，図 2.35 のアルゴリズムの結果とは一致しないことに注意してください．

2.8.6 演習問題

いま，解くべきポアソン方程式を式 (2.11) とします．このとき，以下の条

2.8 例題 III（陽解法によるポアソン方程式の解法）　75

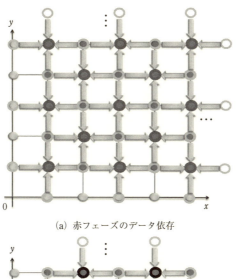

(a) 赤フェーズのデータ依存

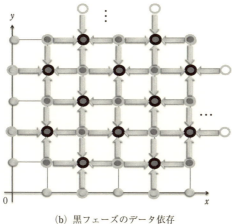

(b) 黒フェーズのデータ依存

図 2.38　ポアソン方程式の陽解法のデータ依存（赤–黒法）

件を与えます．

- $M = 100$

- $f_{i,j} = \sin(i \times j)$

- $G(0, j) = 100.0, (j = 0, \cdots, M+1)$

- $G(i, 0) = 100.0 - i/M \times 100.0,\ G(i, M+1) = i/M \times 100.0,$
  $(i = 1, \cdots, M)$

1. $U_{\text{old}}(i,j)$ と $U_{\text{new}}(i,j)$ $(i,j = 1, M)$ に境界条件を代入
2. $U_{\text{old}}(i,j)$ $(i,j = 1, M)$ に 0 を代入
3. do $icolor = 0, 1$
4. do $j = istart, M$
5. もし $icolor + j$ が 2 で割り切れるなら $istart=2$, そうでないなら, $istart = 1$
6. do $i = istart, M, 2$
7. $U_{\text{new}}(i,j)$ を式 (2.12) で計算する
8. end do
9. end do
10. enddo
11. $\max(\parallel U_{\text{new}}(i,j) - U_{\text{old}}(i,j) \parallel)(i,j = 1, M)$ が ϵ 以下なら収束と判断し、終了.
12. $U_{\text{old}}(i,j) = U_{\text{new}}(i,j)$ $(i,j = 1, M)$
13. 3 へ戻る.

図 2.39 赤–黒法によるポアソン方程式の解法（**Fortran** 言語）

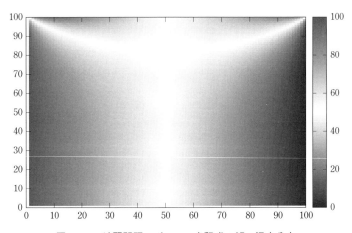

図 2.40 演習問題のポアソン方程式の解の温度分布

- $G(M + 1, j) = 0.0, (j = 0, \cdots, M + 1)$

以上の条件で，$\max(|U_{\text{new}} - U_{\text{old}}|)$ が，$1.0e - 4$ 以下となるまで，反復してください．

解として得られる温度分布 $U(i,j)$ は，図 2.40 のようになります．

以上を考慮して，赤–黒法によるポアソン方程式の解法を，OpenMP での並列化を行ってください．なお，本演習問題には本書の付録のプログラムを用いることができます．

2.9 例題 IV（疎行列反復解法 CG 法）

疎行列に対して，数学的に厳密な解を求める **LU 分解法 (LU Decomposition Method)** [1] などの **直接解法 (Direct Method)** を適用すると，処理の過程で，行列の零要素に 0 でない要素が入ります．これを，**フィルイン (Fill-in)** と呼びます．フィルインが入ると，行列がいずれ密行列になって，メモリ量と演算量の利点がなくなってしまいます．

そこで，理工学上よく現れる疎行列において，疎行列構造を変化させないで，解を近似的に解くことで，メモリ量の削減と，演算量の削減を狙う方法がよく用いられます．この方法を，**反復解法 (Iterative Method)** と呼びます．

反復解法では，できるだけ簡単な疎行列操作のみで，アルゴリズムが構築できることが求められます．特に，**疎行列−ベクトル積 (SpMV)** を主演算として，アルゴリズムが構築できると，数値計算ライブラリの利用の観点からメリットがあります．

SpMV のみで構築できる疎行列反復解法は，現在も多数，研究されています．たとえば，**クリロフ部分空間法 (Krylov Subspace Method)** の系列のアルゴリズムです．

工学的な問題では，アルゴリズムの違いよりも，工学的な対象の物理特性を考慮して，反復解法の収束の効率を高める**前処理 (Preconditioner)** の実装が重要です．この前処理とは，より速く（少ない反復回数で），解に収束させるために行う，反復に入る前に行う処理のことです．

ここでは，クリロフ部分空間法の解法である，**CG 法 (Conjugate Gradient Method)** を紹介します．

2.9.1 CG 法のアルゴリズム

連立 1 次方程式

$$Ax = b \qquad (2.13)$$

の解 x を求めることは，以下の関数を最小にすることと同じである，という

> 1. 対角スケーリングを行う
> $A = PA, b = Pb$
> 2. 適当な初期ベクトル x_0 を作る
> 3. 初期残差ベクトルと探索方向を決める ： $p_0 = r_0 = b - Ax_0$
> 4. $k = 0, 1, \cdots, MAX\_ITER$ まで，以下を繰り返す
> 5. $\quad \alpha_k = (r_k, r_k) / (p_k, Ap_k)$
> 6. $\quad x_{k+1} = x_k + \alpha_k p_k$
> 7. $\quad$ if ($|b - Ax_{k+1}|$ が十分に小さい) break;
> 8. $\quad r_{k+1} = r_k - \alpha_k Ap_k$
> 9. $\quad \beta_k = (r_{k+1}, r_{k+1}) / (r_k, r_k)$
> 10. $\quad p_{k+1} = r_{k+1} + \beta_k p_k$

図 2.41　CG 法のアルゴリズム（対角スケーリング前処理付き）

原理であり，CG 法ではこれを用います．

$$f(x) = \frac{1}{2}(x, Ax) - (x, b) \tag{2.14}$$

ここで，(x,y) を，ベクトル x とベクトル y の内積の表記とします．行列 A は対称行列で，かつ正定値行列である必要があります．対称行列ですが，正定値行列でない場合は，$f(x)$ が最小ではないのですが，局所解に収束します．

CG 法ではまず，任意の初期ベクトル x_0 から始め，$f(x)$ の最小値を探索していきます．アルゴリズムの詳細は，本書では省きます．参考文献 [17, 19] をご覧ください．最終的に，図 2.41 のアルゴリズムが導出できます．

2.9.2　対角スケーリング前処理

図 2.41 のアルゴリズムでは，1 行目で前処理として，**対角スケーリング前処理 (Diagonal Scaling Preconditioning)** が実装されています．対角スケーリング前処理は，以下の行列 P

$$P = \mathrm{diag}(a_{1,1}, a_{2,2}, \cdots, a_{N,N}) \tag{2.15}$$

を用います．ここで，$a_{i,j}$ は，行列 A の i 行，j 列の要素です．また，diag は，要素を行列の対角要素に並べた行列です．

式 (2.15) の P を，連立 1 次方程式 $Ax = b$ の左から作用させると

$$PAx = Pb \tag{2.16}$$

となります. ここで, 式 (2.16) の PA は, 行列 A の各行に, P の対応する対角要素の値を掛けたものになります. たとえば i 行の場合, PA の i 行目は, $a_{i,i} \times a_{i,1}, a_{i,i} \times a_{i,2}, \cdots, a_{i,i} \times a_{i,N}$ となります.

式 (2.16) を行うことで, $\hat{A} = PA$, $\hat{b} = Pb$ とすると, 新しい連立 1 次方程式 $\hat{A}x = \hat{b}$ を作り, 解ベクトル x を求めると, もとの $Ax = b$ の解 x を求めるのと同じになります.

以上から, 前処理としての対角スケーリングは, 以下のプログラムで実現できることがわかります.

● 対角スケーリング前処理 (Fortran 言語)

```
c === Diagonal Scaling Preconditioning
  do i=1, N
    do j=IRP(i), IRP(i+1)-1
      VAL(j) = VAL(j) / ADIAG(i)
    enddo
    B(i) = B(i) / ADIAG(i)
  enddo
```

以上のプログラムでは, 疎行列 A のデータ形式を CRS 形式とし, 疎行列 A の対角要素の $a_{i,i}$ を, 配列 `ADIAG(i)` に代入してあるとしています.

対角スケーリング前処理は, 疎行列 A の対角要素を 1 にして, その他の要素を, 対角要素で割ってスケーリングをすることを意味しています. したがって, 疎行列 A の対角要素が非対角要素に対して絶対値が大きいとき, 演算誤差を減少させ, 反復回数を減少させる効果があります.

2.9.3 SpMV の利用

図 2.41 のアルゴリズムの主な演算は, 内積演算と疎行列-ベクトル積 (SpMV) です.

たとえば, 図 2.41 の 5 行目において, Ap_k の演算に SpMV が使われています. 具体的な実装例は以下になります.

● $\alpha_k = (r_k, r_k) / (p_k, Ap_k)$ の実装例 (Fortran 言語)

```
c --- alpha_k = (r_k, r_k) / (p_k, A p_k)
  call MySpMV(AP, IRP, ICOL, VAL, P, N, NNZ)
  pAp = 0.0d0
  do j=1, N
    pAp = pAp + P(j) * AP(j)
  enddo
  if (i .eq. 1) then
    rdot = 0.0d0
    do j=1, N
      rdot = rdot + R(j) * R(j)
    enddo
  endif
  alpha = rdot / pAp
```

以上の例では，手続き MySpMV(AP, IRP, ICOL, VAL, P, N, NNZ) の呼び出しで，$ap = Ap$ の SpMV を行い，結果のベクトル ap を，配列 AP(j) に収納します．

2.9.4 演習問題

以下の要素を持つ，疎行列 A を考えます．

- 対角要素が 4.0

- 2 つの副対角要素が -1.0 $(a_{2,1}, \cdots, a_{i+1,i},\ a_{1,2}, \cdots, a_{i,i+1}\ (i = 1, 2, \cdots, N-1))$

このとき，以下の条件で解ベクトル x と，右辺ベクトル b を生成します．

- x は，すべての要素が 1.0

- b は，$b = Ax$ で生成する

このとき，連立 1 次方程式 $Ax = b$ を解くと，解ベクトル x はすべての要素が 1 となるのが正解ですので，解の検証ができます．この連立 1 次方程式の解ベクトル x を求める CG 法をプログラミングしてください．

以上を考慮して，OpenMP での並列化を行ってください．なお，本演習問題には本書の付録のプログラムを用いることができます．

2.9.5 最近の研究動向について

CG 法のアルゴリズムを見ると，OpenMP においても内積値を計算するため，スレッド間のデータ加算のためのリダクション演算が多いことがわかります．これは，OpenMP でのスレッド実行でも問題になりますが，MPI を用いた分散メモリ計算機での CG 法の並列化においては，並列数が増えるにつれて並列性能向上のボトルネックになることが知られています．

そこで，リダクション演算が少なくなるような CG 法の開発が多数研究されています [28]．このような通信をさけるアルゴリズムのことを，**通信回避アルゴリズム (Communication Avoiding Algorithm)** といいます．通信回避を行った CG 法のアルゴリズムを，**Communication Avoiding CG (CACG)** アルゴリズムと呼びます．

この CACG アルゴリズムは，MPI での分散並列化を対象としていますが，原理的に，OpenMP を用いたノード内のスレッド並列化でも効果的と予想されます．今後，OpenMP での CG 法の並列化実装においても，主要なアルゴリズムになる可能性があります．

2.10 例題 V（DEM における衝突判定計算）

個別要素法 (Distinct Element Method)，もしくは，**離散要素法 (Discrete Element Method**，双方とも **DEM** と記載）は解析領域において，解析対象を要素にモデル化し，全体の支配方程式に従う動作をそれぞれさせることによって，解析領域全体の振る舞いをシミュレートする数値計算手法です．

ここでは，要素（粒子）を球体とし，粒子の大きさが均一なモデルのシミュレーションにおける演算を取り扱います．

本例題では，簡単のため，粒子は以下のモデルとします．

- 粒子の直径は均一

- 粒子の重さ m [g] は均一
- 粒子は，速度 v [m/秒] を持ち，この速度は各粒子で異なる
- 摩擦力は生じない
- 粒子同士，および，壁（境界領域）と接触するときは，完全弾性衝突（反発係数が 1）

次に，支配方程式について述べます．

まず，t[秒] 後の，それぞれの粒子の位置 x は，以下の式で計算されます．

$$x_{\text{new}} = x_{\text{old}} + v \cdot dt \tag{2.17}$$

ここで，x_{new} は，dt 刻みのタイムステップにおける，次のタイムステップでの粒子の位置です．また，x_{old} は，現在のタイムステップでの粒子の位置です．

粒子が接触し衝突するとき，力 F [N] が生じます．この力は，以下のニュートン方程式から計算できます．

$$F = ma \tag{2.18}$$

ここで，a [m/秒^2] は加速度で，

$$a = \frac{dv}{dt} \tag{2.19}$$

となります．ここで，

$$dv = v_{\text{new}} - v_{\text{old}} \tag{2.20}$$

であり，v_{new} は，dt 刻みのタイムステップにおける，次のタイムステップで粒子が持つ速度です．また，v_{old} は，現在のタイムステップで粒子が持っている速度です．

力を受けた粒子は，速度 v[m/秒] が変化します．この速度の変化は，式 (2.18) と式 (2.19) から，以下の式で計算できます．

$$dv = \left(\frac{1}{m}\right) \cdot F \cdot dt \tag{2.21}$$

式 (2.21) から，力を受けた粒子の次の時間ステップでの速度 $v_{\text{new}}[\text{m}/秒]$ は，以下の式で更新できます．

$$v_{\text{new}} = v_{\text{old}} + dv \tag{2.22}$$

以上で，本例題における支配方程式の説明は終わりです．

2.10.1 DEM における処理

図 2.42 に DEM における標準手順 [20] を載せます．

図 2.42 では，粒子接触判定により，衝突している粒子を検出します．その後，接触している粒子について，接触粒子間の力の計算を式 (2.18) で行います（図 2.42(i)）．

次に，力を足し込む処理を行います（図 2.42(ii)）．

力が求まると，式 (2.21) と式 (2.22) により，粒子の速度が求まるため，式 (2.17) により粒子の位置が更新できます（図 2.42(iii)）．

ここで，並列処理において注意すべきは，図 2.42(ii) の処理です．これを，次項で説明します．

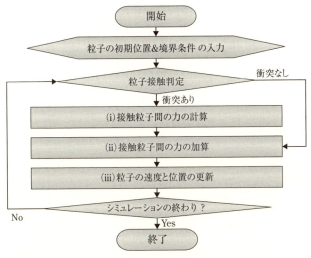

図 2.42　DEM の標準手順（出典 [20]）

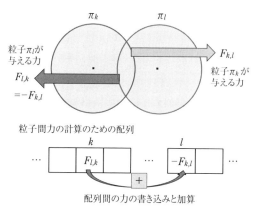

図 **2.43** 2 粒子間の衝突例（出典 [22]）

2.10.2 粒子の衝突判定と力の計算

図 2.42(ii) の処理を説明するため，まず，図 2.43 に 2 粒子間の衝突例 [22] を載せます．

図 2.43 では，2 つの粒子である，粒子 π_k と粒子 π_l の接触（衝突）を考えます．このとき，衝突により生じる力を式 (2.18) で計算します．この力について，粒子 π_k が粒子 π_l に及ぼす力を $F_{k,l}$，粒子 π_l が粒子 π_k に及ぼす力を $F_{l,k}$ とします．

このとき，作用–反作用の法則により，$F_{l,k} = -F_{k,l}$ の関係があります．式 (2.18) での力の計算量を削減するため，粒子 π_k で計算した力 $F_{k,l}$ を利用し，粒子 π_l の力 $F_{l,k}$ を $-F_{k,l}$ として値を代入します．

このとき，2 以上の粒子の接触がありうるため，粒子 π_k の力の計算時に，粒子 π_l の力に $F_{l,k}$ を，以下の式で更新します．

$$F_{l,k} = F_{l,k} - F_{k,l} \tag{2.23}$$

すなわち，粒子 π_k の計算時に，$F_{l,k}$ を保存している配列をアクセスして，その中身（今計算中の $F_{l,k}$ の値）に足し込みます．これは，並列に行うことができない演算になります．理由は，粒子 π_k が粒子 π_l の力の計算を同時に行うときに，たとえば，粒子 π_k の計算を担当するスレッドが $F_{l,k} - F_{k,l}$ の

演算をしているときに,粒子 π_l の計算を担当するスレッドが $F_{l,k}$ の値を更新してしまうことがあるからです.したがって,排他制御なしでは,逐次の結果と異なる場合があります.

以上から,接触判定後の接触判定計算での式 (2.23) の力の更新処理は,相互排除(たとえば,Critical 節)を用いて実装しないといけません.

2.10.3 接触判定格子の導入

ところで,接触する粒子の判定をどのようにするのがよいでしょうか? 実は,この方法が,DEM のプログラムの演算効率を決めてしまいます.

最も単純な方法は,粒子すべての組み合わせを調べる方法です.いま,粒子数を N として,粒子番号を 1~N までつける場合,以下のようなプログラムになります.

●単純な接触判定法(Fortran 言語)

```
do i=1, N
  do j=i+1, N
    粒子 i と粒子 j が接触しているか判定する
  enddo
enddo
```

以上の方法では,コストは $O(N^2)$ かかります.そのため,粒子が増えると N の 2 乗のオーダーで計算量が増えていきます.ですので,効率的ではありません.また,論理的に衝突していない,とても離れた粒子も衝突していないか検査するため,無駄です.

そこで,DEM では一般に,**接触判定格子 (Contact Detection Grids)** を導入します.接触判定格子は,ある大きさ(一般には,粒子の直径)を取る格子です.接触判定格子を解析対象の領域に配置します.

注目する粒子が所属する接触判定格子の情報を使い,その周辺の格子(隣接格子),および注目する粒子が所属する格子(自格子)内にある粒子のみ接触判定するように変更します.そうすることで,周辺格子内にある粒子の個数は数個,および,自格子内の粒子の個数は数個,となります.つまり,注

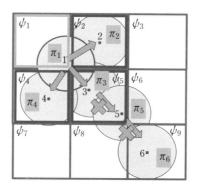

$\Pi_1 = |\pi_1|, \Pi_2 = |\pi_2|, \Pi_4 = |\pi_4|, \Pi_5 = |\pi_3, \pi_5|, \Pi_9 = |\pi_6|$
$\Phi_1 = |\pi_2, \pi_3, \pi_4|, \Phi_2 = |\pi_3|, \Phi_3 = |\pi_4, \pi_5|, \Phi_5 = |\pi_6|$

図 2.44 接触判定格子による接触判定の例（**6** 個の粒子例）

目する粒子に対する接触判定のコストは $O(1)$ で，それが粒子数個分あるので，総合的に $O(N)$ の接触判定のコストになります．つまり，単純な方法の $O(N^2)$ に比べて，劇的にコストが削減できます．

接触判定格子を用いた接触判定の例を説明します．今，i 番の粒子を π_i と表記します．j 番の接触判定格子を ψ_j と表記します．j 番の接触判定格子にある粒子の集合を Π_j と表記します．また，i 番の粒子と接触する粒子の集合を Φ_i と表記します．

このとき，粒子 6 個の接触例を図 2.44 に示します．

図 2.44 では，注目する粒子を π_1 とすると，接触判定格子 ψ_1 に入っています．そこで，接触判定を行う格子は，自格子の ψ_1 と，隣接格子の ψ_2, ψ_4, ψ_5 になります．

具体的には，接触判定格子 ψ_2 に入っている粒子は π_2 で，接触判定格子 ψ_4 に入っている粒子は π_4，および，接触判定格子 ψ_5 に入っている粒子は π_3 と π_5 になります．これらの 4 粒子に対して，力の計算をすればよいことになります．

ここで注意すべきは，粒子 π_5 は，粒子 π_3 を間接的にとおして，粒子 π_1 と衝突しています．ただし DEM の離散化原理により，ごく短いシミュレーション時間 dt においては，粒子 π_1 から粒子 π_5 へ直接的に力の伝搬がないことになります．したがって，玉突きで力の伝搬は計算しません．

> 以下を 1〜MAX_ITER まで繰り返す：
>   各粒子の力を 0 にする；
>   式 (2.17) による粒子の移動；
>   粒子の接触判定と接触判定計算（力の計算）；
>   式 (2.22) による速度の更新；

図 2.45　DEM の処理の概略

以上により，DEM の接触判定計算においては，周辺格子の接触判定計算のみ行えばよいことがわかります．

2.10.4　プログラムの概略

図 2.45 に，DEM のプログラムの概略を示します．

図 2.45 において，MAX_ITER はシミュレーションにおける最大の時間ステップ数です．

2.10.5　OpenMP 化するときの注意点

以上の説明により，接触判定格子の単位で並列化ができることがわかります．ですので，OpenMP を用いることで並列化ができます．ここで，DEM の接触判定計算を並列化する際の注意があります．

単純に並列化する場合，接触判定格子のループ単位で並列化するので，以下のような実装になります．

●単純に接触判定格子単位で並列化する例（Fortran 言語）

```fortran
!$omp parallel do private(i_target, j, i_particle,
!$omp&     k, k_particle)
  do i=1, imax_num_mesh
!    == Get No.of the target mesh
    i_target = i
!    == Particles in i-th mesh
    do j=1, MC_ind(i_target)
!      --- Target particle No.
      i_particle = MC(i_target, j)
c     === for particles in i-th mesh
```

```fortran
            do k=j+1, MC_ind(i_target)
              k_particle = MC(i_target, k)
              粒子 i_particle 番と粒子 k_particle 番との接触判定計算
            enddo
c     === for particles in (i+1)-th mesh
            if ((i_target+1) <= imax_num_mesh) then
              do k=1, MC_ind(i_target+1)
                k_particle = MC(i_target+1, k)
                粒子 i_particle 番と粒子 k_particle との接触判定計算
              enddo
            endif
          enddo
        enddo
!$omp end parallel do
```

　以上の例では，`imax_num_mesh` は接触判定格子の最大の番号，`MC_ind(i)` は接触判定格子 i 番に入っている粒子の数を収納した配列です．`MC(i_target, j)` は接触判定格子 i 番における，j 番目に入っている粒子の粒子番号を収納した配列です．

　以上の例では，並列性が接触判定格子の数 `imax_num_mesh` となり十分大きいのですが，粒子が入っていない接触判定格子もスレッドに割り当てられます．そのため，粒子が入っていない接触判定格子を多く割り当てられたスレッドは計算量が少なくなります．そのため，全体として，負荷の不均衡を生じます．

　そこで，粒子の入っていない格子を取り除いて，新しい計算用の格子の並びを作り，それに対して OpenMP で並列化すると，負荷の不均衡を取り除けます．具体的には，以下の計算を行います．

●粒子が入っていない接触判定格子を取り除くプログラム（Fortran 言語）

```fortran
 icompact_num_mesh = 1
 do j=1, imax_num_mesh
```

```
      if (MC_ind(j) .ne. 0) then
!     --- There is particle
        MC_compact_ind(icompact_num_mesh) = j
        icompact_num_mesh = icompact_num_mesh + 1
      endif
   enddo
   icompact_num_mesh = icompact_num_mesh - 1
```

以上のプログラムにより，`icompact_num_mesh` に粒子が空でない接触判定格子の数が設定されます．また，`MC_compact_ind(icompact_num_mesh)` に，空でない接触判定格子のインデックス `icompact_num_mesh` を考慮して，元の接触判定格子の格子番号が収納されます．

以上の粒子が入っていない接触判定格子を取り除くプログラムを実行したうえで，以下のようにプログラムを書き換えます．

●粒子が空でない接触判定格子単位で並列化する例 (Fortran 言語)

```
!$omp parallel do private(i_target, j, i_particle, k, k_particle)
   do i=1, icompact_num_mesh
!    == Get No.of the target mesh
     i_target = MC_compact_ind(i)
        < 以降は同じ >
   enddo
!$omp end parallel do
```

以上の実装では，OpenMP の Parallel Do 構文の対象である i ループについて粒子数が 0 でないことが保証されること，および，接触判定格子の大きさを粒子の直径にとることにより，接触判定格子内の粒子数はたかだか数個に限定されることから，負荷の不均衡が生じません．したがって，スレッド実行時に高速化が期待できます．

2.10.6 実装の詳細：Critical 節を用いる方法

ここで，上記の「粒子 i_particle 番と粒子 k_particle 番との接触判定計算」の実装について，説明します．ここでは，排他制御を用いた実装例について，説明します．以下にコードを載せます．

●接触判定計算の例（排他制御を用いた方法）（Fortran 言語）

```
    dtemp = dabs(X(i_particle) - X(k_particle))
    if (dtemp <= DPD ) then
!   == Make Collision
!$omp critical
!   == Calculation of Forces
    dtemp = PARTICLE_WEIGHT*(V(i_particle)-V(k_particle))/DTS
    F(i_particle) = F(i_particle) - dtemp
    F(k_particle) = F(k_particle) + dtemp
    V_old(i_particle) = 0.0d0
    V_old(k_particle) = 0.0d0
!$omp end critical
    endif
```

以上の例では，DPD は粒子の直径とします．また，DTS はシミュレーション時間 (dt) とします．PARTICLE_WEIGHT は，粒子の重さとします．

いま，注目している粒子は i_particle 番粒子です．この計算において，k_particle 番粒子に力を書き込む処理，F(k_particle)= F(k_particle)+dtemp があるため，相互排除が必要になります．そこで，Critical 節により，この演算を含む領域を排他制御します．

なお，文献 [21] では，Critical 節を用いた実装が紹介されています．

2.10.7 マルチカラー接触判定法

前項の排他制御を用いた接触判定計算では，排他制御のコストが大きく，スレッド並列化をしても高速化されないばかりか，逆に遅くなることがありま

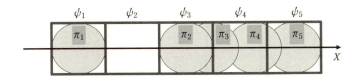

$\Pi_1 = |\pi_1|, \Pi_3 = |\pi_2, \pi_3|, \Pi_4 = |\pi_4|, \Pi_5 = |\pi_5|$
$\Phi_2 = |\pi_3|, \Phi_3 = |\pi_4|, \Phi_4 = |\pi_5|$

図 2.46 1 次元での DEM の例 (5 粒子)

す．特に，排他制御をハードウェアで行えない CPU では，排他制御をソフトウェアで行うため，スレッド並列化をすると逐次実行より数倍遅くなることがあります．

そこで，接触判定計算の特性（データ依存関係）を利用して並列化をすることで，排他制御をなくす方法が知られています．これは，2.8 節の「陽解法によるポアソン方程式の解法」で説明した，赤–黒法と同じ考え方です．つまり，データ依存関係は満たすが，演算の順序を逐次と変更する並列化になります．

ここでは，簡単にするため，1 次元の例を考えます．図 2.46 に 5 粒子の例を載せます．

図 2.46 では，DEM における接触判定計算では隣接格子しかデータ依存はないので，注目格子の左右の接触判定格子のみ依存があります．そこで 1 次元の図 2.46 では，格子 ψ_1, ψ_3, ψ_5 は同時に計算してよいことになります．また，格子 ψ_2, ψ_4 も同時に計算してよいことになります．

そこで，格子 ψ_1, ψ_3, ψ_5 の計算のフェーズを赤フェーズとします．また，格子 ψ_2, ψ_4 の計算のフェーズを黒フェーズとします．このとき，赤フェーズと黒フェーズの演算には依存関係があり同時にはできませんが，同じ色のフェーズの計算は同時に行えます．したがって，すでに説明した，赤–黒法と同じ考え方といえます．

具体的には，図 2.47 のように計算ができます．

図 2.47 では，各色のフェーズでの接触判定計算は，通常の接触判定計算と同じです．したがって，各色の格子をアクセスするように変更するだけで，実装が可能です．また，空の要素を除いた演算についても，同様に実装できるため，従来のコードからの変更がほとんどありません．したがって，実装の

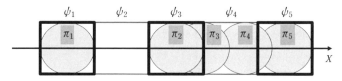

$\Pi_1=|\pi_1|, \Pi_3=|\pi_2, \pi_3|, \Pi_4=|\pi_4|, \Pi_5=|\pi_5|$
$\Phi_2=|\pi_3|, \Phi_3=|\pi_4|, \Phi_4=|\pi_5|$

(a) 赤フェーズの接触判定計算

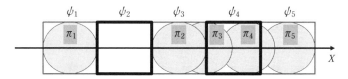

$\Pi_1=|\pi_1|, \Pi_3=|\pi_2, \pi_3|, \Pi_4=|\pi_4|, \Pi_5=|\pi_5|$
$\Phi_2=|\pi_3|, \Phi_3=|\pi_4|, \Phi_4=|\pi_5|$

(b) 黒フェーズの接触判定計算

図 **2.47** 1 次元でのマルチカラー接触判定法（5 粒子）

観点でも簡単に実現できます．

　以上の方法は，DEM においては**マルチカラー接触判定法 (Multicolor Contact Detection Method)** と呼ばれ，片桐・竹田ら [22] により提案された方法です．

　マルチカラー接触判定法の接触計算部分は，Critical 節を用いた実装と同じになりますが，排他制御が不要になります．したがって，スレッド並列化による速度向上が期待できます．

　図 2.47 では 1 次元問題であったため，2 色（赤，黒）のフェーズを設定しました．2 次元以上にも，マルチカラー接触判定法は容易に拡張できます．たとえば，2 次元問題では，4 色に色分けすることで実現できます．3 次元問題では，8 色に色分けすることで実現できます．

　マルチカラー接触判定法は，外側のループが色のループになります．あとは，今までの説明による実装と同じになります．以下にコードの概略を示します．

●マルチカラー接触判定法の実現例（1 次元問題）（Fortran 言語）

```
c === Multicolor Loop
  do i_color=0, 1
c   === Remove meshes that have no particle
    icompact_num_mesh = 1
    do j=1+i_color, imax_num_mesh, 2
      if (MC_ind(j) .ne. 0) then
!       --- There is particle
        MC_compact_ind(icompact_num_mesh) = j
        icompact_num_mesh = icompact_num_mesh + 1
      endif
    enddo
    icompact_num_mesh = icompact_num_mesh - 1
    <以降は粒子が空でない接触判定格子単位で並列化する例と同じ>
enddo
```

以上の実装例では，各色のループを外側に作り，かつ，粒子が空でない接触判定格子の情報を，色ごとに作ります．あとは，その情報を利用して，接触判定計算を行います．接触判定計算の実装は，粒子が空でない接触判定格子単位で並列化する実装とまったく同じになるので，実現が簡単です．

2.10.8 性能例

ここで，DEM における接触判定計算の性能例について紹介します．計算機は，東京大学情報基盤センターに設置された FX10 スーパーコンピュータシステム (FX10) の 1 ノード (16 コア) です．FX10 の CPU は，SPARC64 IX-fx で，周波数は 1.848 GHz，理論演算性能 (コア) は 14.78 GFLOPS です．

ここで用いた問題は 3 次元問題です．比較する手法は，Critical 節を利用した実装 (クリティカル)，冗長計算による実装 (冗長計算)，および，マルチカラー接触判定法による実装 (マルチカラー) です．冗長計算とは，作用–反作用の法則を用いない方法で，排他制御が必要ない代わりに，力の計算量が 2 倍必要な方法です．図 2.48 に各種手法の性能例 (FX10) [23] を載せます．

図 2.48 では，逐次計算ではクリティカル (Critical 節による実装) が最も

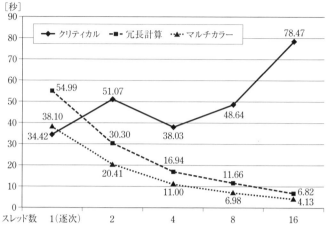

図 2.48　各種手法の性能例 (FX10)（出典 [23]）

高速ですが，並列数が 2 以上になると性能が劣化していきます．これは，排他制御のオーバーヘッドのためです．スレッド並列化を行い高速化されるのは，冗長計算（作用–反作用の法則を用いず 2 倍の計算量がある方法）とマルチカラーの 2 種です．ここで，マルチカラーのほうが冗長計算より高速です．理由は，演算量が冗長計算に対して 1/2 だからです．以上より，スレッド並列数が大きくなるにつれて，マルチカラーが有効になるといえます．

2.10.9　演習問題

以下の条件で，DEM のシミュレーションを作成してください．

- 1 次元問題で，問題空間（X 軸の範囲）を [0,1] とします．

- 粒子の初期配置（X 軸の位置）を，i/N とします．

- 粒子の初期速度は乱数で決定し，その範囲は $-max\_velocity/2 \times 0.9$ 〜 $max\_velocity/2 \times 0.9$ とします．ここで，$max\_velocity$ は，シミュレーションの時間ステップ dt において，衝突判定格子の大きさを超えない最大の速度とします．

- 粒子の個数 N は，10000000 個（1000 万個）とします．

- 粒子直径は，1.0d-7 とします．

- 粒子の重さは，1.0d-2 とします．

- シミュレーションの時間刻み dt は，1.0d-3 とします．

- シミュレーションステップは，30 ステップとします．

なお，一例として，粒子の個数 N を 20 個，粒子直径を 1.0d-2，シミュレーションステップを，300 ステップとした例を，図 2.49，図 2.50 に載せます．

以上を考慮して，OpenMP での並列化を行ってください．なお，OpenMP 化では，

- Critical 節を用いる方法

- マルチカラー接触判定法を用いる方法

の 2 種を作成してください．

なお，本演習問題には本書の付録のプログラムを用いることができます．

2.11 OpenMP Version 4.0 への展開

現在，OpenMP の仕様として Version 4.0 [25] (OpenMP 4.0) が公開されています．OpenMP 4.0 における拡張仕様について，いくつか紹介します．

2.11.1 Simd 構文

OpenMP 4.0 では，SIMD 演算対応の機能が拡張されています．

ループにおける演算を，SIMD 化することを指定できます．CPU の SIMD ハードウェア命令を用いるコードが生成される場合，高速化される可能性があります．

● Simd 構文の例（C 言語）

```
#pragma omp simd 節の並び
for ループ
```

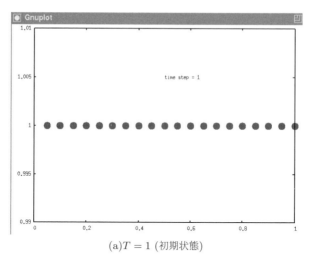

(a)$T=1$ (初期状態)

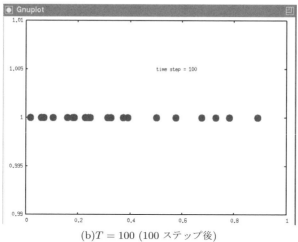

(b)$T=100$ (100ステップ後)

図 2.49　1 次元 DEM のシミュレーション例(その 1)

● Simd 構文の例 (Fortran 言語)

!\$omp simd 節の並び
Do ループ
!\$omp end simd

また，ループについて SIMD 化を宣言するには，以下のディレクティブが

2.11 OpenMP Version 4.0 への展開

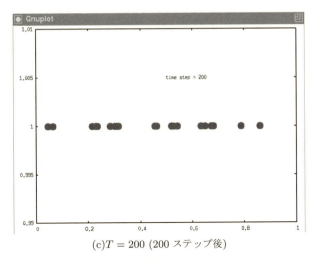

(c)$T = 200$ (200 ステップ後)

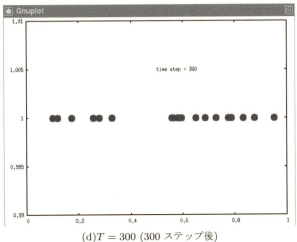

(d)$T = 300$ (300 ステップ後)

図 2.50　1 次元 DEM のシミュレーション例（その 2）

定義されています.

● SIMD ループ指定（C 言語）

```
#pragma omp for simd 節の並び
for ループ
```

● SIMD ループ指定（Fortran 言語）

```
!$omp do simd 節の並び
Do ループ
!$omp end do simd
```

また，SIMD ループ中で行う SIMD 関数の定義に，Declare Simd 節があります．Declare Simd 節を使うことで，SIMD ループ中の関数の演算が SIMD 化できます．

2.11.2 デバイスの指定

OpenMP 4.0 では，OpenMP で指定した並列化を行うデバイスを指定できます．このデバイス指定とは，主に演算アクセラレータの指定で，現在は GPU を対象にしています．今後，メニーコア CPU などにも，拡張されていく可能性があります．

デバイスの指定は，Target 構文を利用します．

●デバイス指定（C 言語）

```
#pragma omp target [data] 節の並び
  構造化ブロック
```

●デバイス指定（Fortran 言語）

```
!$omp target [data] 節の並び
  構造化ブロック
!$omp end target data
```

ここで，Target 構文において，デバイス名を指定します．たとえば，device(0) が GPU を示すとき，C 言語では #pragma omp target device(0) で，GPU 上において OpenMP で記載された並列処理を実行できます．

また，Target Data 節において，指定されたデバイス上で実行するデータの割り当て（ただし，宣言の場所では処理はせず，該当の場所において自動で実行される）を行います．

たとえば，C 言語では，

```
#pragma omp target data device(0)
    map(alloc:a_gpu[:N]) map(to:a[:N]) map(from:b[:N])
```

とすると，device(0) 上に，長さ N の配列 a_gpu の領域を確保し，CPU から device(0) へ長さ N の配列 a を転送する，および，device(0) から CPU へ長さ N の配列 b を転送する，ことが宣言できます．

一方，Target Update 節を用いると，CPU 上のデータ領域から，ターゲットのデバイス上のデータ領域へ，データを転送することができます．

また，Teams 構文を用いると，複数のデバイスを指定できます．

以上のように，OpenMP 4.0 では演算アクセラレータでの並列実行を定義できるといえます．この点において，本書の第 3 章で紹介する OpenACC と同様の記述が可能といえます．

2.11.3 NUMA アフィニティ

OpenMP 4.0 では，**NUMA アフィニティ** (NUMA Affinity) を考慮した配置をできる機能が追加されています．ここで，NUMA アフィニティとは，CPU のコアやメモリに，指定されたジョブやメモリを，関連するように割り当てることです．

OpenMP 4.0 では，NUMA アフィニティの割り当て方針の指定ができます．それは，以下になります．

- spread
  スレッドをコアに分散するように配置する．

- close
  スレッドを，マスタースレッドの近くに配置する．

- master
  スレッドを，マスタースレッドに配置する．

Parallel 構文で NUMA アフィニティを指定するため Proc_bind 節が新たに定義されています．spread を指定する場合は，以下になります．

● NUMA アフィニティの指定（C 言語）

```
#pragma omp parallel proc_bind(spread)  節の並び
  構造化ブロック
```

● NUMA アフィニティの指定（Fortran 言語）

```
!$omp omp parallel proc_bind(spread)   節の並び
  構造化ブロック
!$omp end target data
```

また，上記の NUMA アフィニティの指定は，環境変数 OMP_PLACES と OMP_PROC_BIND で指定できるようになっています．

2.12　より深く勉強するために

OpenMP の文法や利用法の解説資料としては，[9, 10, 11] が参考になります．

2.13　章末問題のレベル

本書に掲載されている章末問題は，問題の難易度に対応したレベルが付けられています．以下にその内容を記載します．

- 〜L10:きわめて簡単な問題．
- L10：ちょっと考えればわかる問題．
- L20：標準的な問題．
- L30：数時間程度必要とする問題．
- L40：数週間程度必要とする問題．複雑な実装を必要とする．
- L50：数か月程度必要とする問題．未解決問題を含む．

なお，L40 以上は，論文を出版するに値する問題となっています．

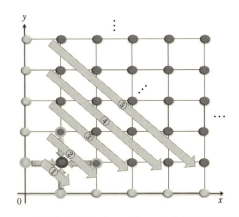

図 2.51 ポアソン方程式の解法のウェーブフロント法によるアクセスパターン

章末問題

[L10] リダクション演算の性能を調べよ．なお，付録のプログラム（解答コード）を使うことができる．

[L10] ファーストタッチを実装し，その効果を調べよ．

[L5] 自分の使える計算機環境で利用できる NUMA のためのアフィニティを調べよ．

[L10] 図 2.39 の赤–黒法によるポアソン方程式の解法を OpenMP による並列化を行い，スレッド数を変化させて性能評価を行え．

[L25] 式 (2.12) のポアソン方程式の解法の赤–黒法以外の，演算順序を変更して並列化する方法に，**ウェーブフロント法 (Wave Front Method)**，もしくは，**超平面法 (Hyper Plane Method)** が知られている．それを，図 2.51 に示す．

　図 2.51 は，2 次元離散格子の対角要素をアクセスし，値の更新を行う．対角要素の値の更新は，データ依存関係から並列に行える．したがって，問題領域の対角要素が最も要素数が多いため，問題領域の対角要素に近づくにつれて並列性が高くなる．

　ウェーブフロント法を用いて，陽解法によるポアソン方程式の解法のプログラムを作成し，OpenMP で並列化せよ．

[L15] 例題 IV（疎行列反復解法 CG 法）を OpenMP による並列化を行い，スレッド数を変化させて性能評価を行え．

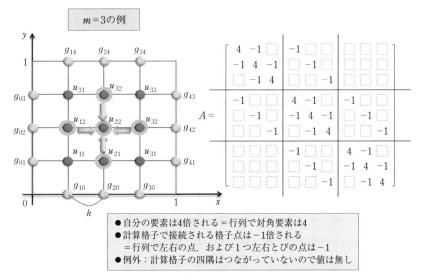

図 2.52　ポアソン方程式の解法から生成される疎行列 A の例 ($m = 3$)

[L25] 式 (2.12) のポアソン方程式の解法は，連立 1 次方程式を立てたうえで，CG 法で解くことができる．式 (2.12) を，CG 法で解くプログラムを作成し，OpenMP で並列化せよ．図 2.52 に疎行列 A の例を示す．

[L30] CG 法の前処理として，**不完全コレスキー分解付き CG 法 (Incomplete Cholesky decomposition CG Method, ICCG Method)** がある．ICCG を実装して，OpenMP で並列化を行え．ただし，不完全コレスキー分解の OpenMP 並列化は行う必要はない．

[L35〜L40+] ICCG 法において，不完全コレスキー分解の OpenMP 並列化を行え．ただし，そのままでは並列化が困難であるため，問題の性質（たとえば，扱う離散格子のデータ依存関係）を利用してよい．

　もしくは，どのような疎行列 A でも正常に動作するように，動的にデータ依存関係を調べて ICCG を実行する動的スケジューラを開発の上，OpenMP で並列化せよ．

[L10] 例題 V（DEM における衝突判定計算）において，Critical 節を用いる方法で OpenMP による並列化を行い，スレッド数を変化させて性能評価を行え．

[L15] 例題 V（DEM における衝突判定計算）において，マルチカラー接触判定法で OpenMP による並列化を行い，スレッド数を変化させて性能評価を行え．

[L20] 例題 V（DEM における衝突判定計算）では，衝突判定格子で計算される

粒子は適当に挿入される．そこで，衝突判定計算において，キャッシュの有効活用の観点から，効率が悪い．一方，粒子をソートすることで，キャッシュの利用率を高めることで高速化できることが報告されている [24]．粒子のソートを実装し，スレッド数を変化させて性能評価を行え．

[L25] 例題 V（DEM における衝突判定計算）において，シミュレーション空間を 2 次元，もしくは，3 次元に拡張せよ．またそのコードについて OpenMP による並列化を行い，スレッド数を変化させて性能評価を行え．

[L30] 例題 V（DEM における衝突判定計算）では，粒子衝突時に，バネモデルによる法線方向の力，および，接線方向の力，が計算されていない．法線方向の力，および，接線方向の力を計算し，DEM シミュレーションに組み込み，性能評価を行え．

第3章 OpenACC入門

この章では，ディレクティブを記載するだけで，GPU上で演算が実行できるコードを自動生成できるOpenACC[26]の利用法とプログラミングを紹介します．

3.1 OpenACCの概要

3.1.1 実行モデル

OpenACCが対象とするのは，CPUからGPUを利用する並列実行モデルです．図3.1に，OpenACCによる並列実行モデルを示します．

図3.1では，CPUで実行するプログラムを基本として，GPUでプログラムの一部を実行します．プログラムの一部をGPUで実行するため，CPU上のメモリから，GPU上のメモリ（デバイスメモリ）へデータの一部を転送する必要があります．また，GPUでの計算結果はデバイスメモリに記憶されるため，CPUのメモリから参照できません．そのため，GPUの演算結果をCPUへ書き戻すことが必要になります．このような処理の記述を，OpenACCで

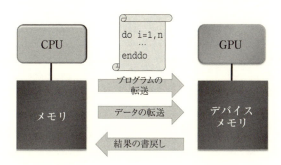

図 3.1　OpenACCの並列実行モデル

は，OpenMPと同じようにディレクティブ形式で記述することができます．

以上の図3.1のように，CPUのプログラムの一部をGPUで実行させるプログラミングの形態を，オフロード・モデル (**Off-load Model**) と呼びます．

オフロード・モデルの計算機言語は，OpenACCに限らず，いくつか存在します．たとえば，メニーコアCPUのIntel Xeon Phiなどのアーキテクチャ (**Many Integrated Core**, **MIC**) におけるIntelコンパイラ用のディレクティブもその1つです．

3.1.2 並列性の定義

OpenACC 2.0 [27] で定義された並列性を図3.2に示します．

図3.2から，OpenACCで定義される並列性は以下の3つです．

- 粗粒度 (coarse-grain) の gang
- 細粒度 (find-grain) の worker
- 命令単位の vector

粗粒度の gang は，複数がアクセラレータ上の演算器で起動する並列性です．細粒度の worker は，gang の中に存在する並列性で，1つ以上の worker からなる並列性です．最後の命令単位の vector は，ベクトル演算単位の並

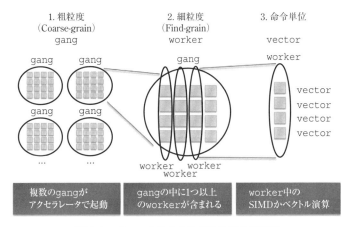

図 3.2 OpenACC 2.0 での並列性の定義

列性で，worker 中の演算（**SIMD** かベクトル演算）になります．

OpenACC による並列化では，これら 3 つの並列性を，プログラムの処理パターンに応じて，適切に記載することが重要です．特に，gang と vector の指定の仕方が重要になります．

3.1.3　並列性の記述方法と基本的な構文

OpenACC では，並列性の指定を，OpenMP と同様に，ディレクティブ形式で指定します．

OpenMP での並列指定（Parallel 構文で指定できる）箇所は，OpenACC でも並列指定できます．ですので，OpenMP から OpenACC への移行は容易です．ただし，OpenACC で考慮しないといけない事項は，CPU のメモリから GPU のデバイスメモリへのデータ移動の頻度と量です．これは後ほど説明します．

OpenACC では，以下の構文で並列性を指定します．

● C 言語の場合

```
#pragma acc で始まるコメント行
```

● Fortran 言語の場合

```
!$acc で始まるコメント行
```

以上の OpenACC のディレクティブのうち，最もよく使う**構文**を説明します．それは，**Kernels 構文**です．Kernels 構文は，以下の記述になります．

● C 言語の場合

```
#pragma acc kernels [節のリスト]
{
    プログラムの並び
}
```

● Fortran 言語の場合

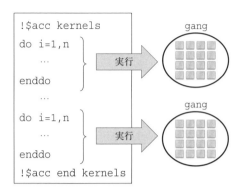

図 3.3 Kernels 構文での実行概念

!$acc kernels ［節のリスト］
　プログラムの並び
!$acc end kernels

　ここで，「節 (**Clause**) のリスト」では，構文中で使われる変数の状態，構文の同期，構文を実行するデバイス，を指定することができます．節のリストを記載しない場合は，変数の状態などがデフォルトのもの，もしくはコンパイラが解析して自動に設定されます．詳しくは，後ほど説明します．

　また，「プログラムの並び」とは，多くの場合はループ，もしくはループの集合になります．これは，OpenMP で並列化を指定する対象のループと同じです．

　Kernels 構文での実行概念を図 3.3 に示します．

　図 3.3 では，プログラムの並びである複数のループに対して指定した Kernels 構文の実行は，先のループから順次，**gang** 単位の並列実行がされます．Kernels 構文での並列処理は基本的な並列化の方法で，まず最初に OpenACC で試みる並列化の方法です．

　次に，Kernels 構文とは異なる並列化の方法を説明します．それは，**Parallel 構文**です．Parallel 構文の記載方法を以下に示します．

●C 言語の場合

```
#pragma acc parallel ［節のリスト］
{
```

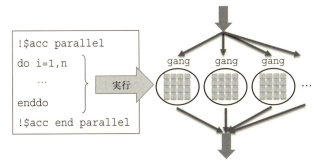

図 **3.4** Parallel 構文での実行概念

プログラムの並び
}

● Fortran 言語の場合

`!$acc parallel` ［節のリスト］
　プログラムの並び
`!$acc end parallel`

図 3.4 に，Parallel 構文での実行概念を示します．

図 3.4 では，「プログラムの並び」に指定されたループについて，並列に，gang 実行がされます．また，Parallel 構文を抜けると，並列実行が集結されます．この考え方は，OpenMP での Parallel 構文と同じです．

Parallel 構文で指定できる節のリストは，Kernels 構文とほぼ同じですが，並列に実行された変数の値を足し込み，逐次実行と同じ結果を得る

reduction(演算子 ： 変数リスト)

の節があります．これは，OpenMP における Reduction 節と同じです．演算子には，

加算 "+"，掛け算 "*"，最大 "max"，最小 "min"

があります．

Kernels 構文および Parallel 構文ともに，プログラムの並びに記載されるループ中の演算には，データ依存があり並列化できない処理は記載できませ

ん．これは，第 1 章でも説明しましたが，OpenMP での並列化時でも同じです．

たとえば，Fortran 言語の場合

```
!$acc kernels
  do i=1, n
   a(i) = a(i) + a(i)
  enddo
!$acc end kernels
```

は，並列化可能ですが，

```
!$acc kernels
  do i=1, n
   a(i) = a(i) + a(i-1)
  enddo
!$acc end kernels
```

は，配列 a(i-1) の参照の際に，現在実行中の演算要素ではない演算要素が更新した a(i) の値が必要となる依存（**流れ依存**）があるため，並列化ができません．ですので，OpenACC による並列化指定においても，対象となるプログラムのデータ依存を考慮することは，OpenMP での並列化時とまったく同じになります．

3.2　実行のやり方

　ここでは OpenACC による並列化の詳細を説明する前に，まず，どのようにプログラムをコンパイルして実行するか，説明します．

　まずコンパイルですが，OpenACC を翻訳できるコンパイラにおいて専用のオプションを指定し，OpenACC のディレクティブを指定したプログラムをコンパイルすることで，CPU および GPU コードで実行するコードが自動生成されます．

　ここでは，PGI コンパイラで実行する場合を紹介します．

3.2.1 コンパイラオプション

コンパイラオプションに "-acc -Minfo=accel" を指定することで、OpenACC のコードをコンパイルできます．また，"-Minfo=accel" の指定により，OpenACC のコンパイル時の最適化情報を出力します．

たとえば，PGI の C コンパイラでコンパイルする場合は，以下のような出力が出ます．

```
pgcc -o poisson -acc -O2 -Minfo=accel poisson.c -lm
main:
    63, Generating copyin(U[:801][:801])
        Generating copyin(U_old[:801][:801])
        Generating copyin(h_pow)
    85, Generating Tesla code
    86, Loop is parallelizable
    87, Loop is parallelizable
        Accelerator kernel generated
        86, #pragma acc loop gang /* blockIdx.y */
        87, #pragma acc loop gang, vector(128)
          /* blockIdx.x threadIdx.x */
MyPoisson:
    141, Generating present(U_rhs[:][:])
    142, Accelerator kernel generated
        143, #pragma acc loop gang /* blockIdx.x */
        150, #pragma acc loop vector(256) /* threadIdx.x */
    142, Generating Tesla code
    150, Loop is parallelizable
CalcErr:
    169, Generating present(U_rhs[:][:])
        Generating present(U_lhs[:][:])
    170, Generating Tesla code
```

```
    171, Accelerator restriction: scalar variable
            live-out from loop: dmax_t
    172, Loop is parallelizable
        Accelerator kernel generated
        172, #pragma acc loop gang, vector(128)
          /* blockIdx.x threadIdx.x */
        Max reduction generated for dmax_
```

ここで,コンパイラによる OpenACC の記述に基づく並列化をする際にユーザに対して,有用な情報を出してくれます.

たとえば,以下の出力は,63 行目において,2 次元配列 U のデータを,U[:801][:801] の大きさだけ,GPU のメモリに CPU のメモリからコピー(後述の構文における Data 節の copyin に対応)する処理を生成したというコメントです.

```
    63, Generating copyin(U[:801][:801])
        Generating copyin(U_old[:801][:801])
        Generating copyin(h_pow)
```

また,以下の出力は,86 行目において,ループが並列化されたというコメントです.

```
    86, Loop is parallelizable
```

OpenACC による並列化を指示したループ中にデータ依存があり,コンパイラで並列化できない場合も,コメントが出ます.したがってプログラマは,自分が意図したように並列化できたか,コンパイラが出力するコメントで確認する必要があります.

このように,コンパイラが出力するコメントをもとに,プログラマが期待したとおりに GPU で実行されるコードが生成されたかを確認することが,OpenACC でのプログラミングの基本となります.

3.2.2　プロファイラ

ところで,OpenACC で並列化したプログラムが GPU 上で期待通りの性

能が出ているか，知る方法はあるのでしょうか？　この答えは，「あります」です．それは，**プロファイラ**(**Profiler**) を使うことです．

　PGI コンパイラでは，OpenACC での実行をするときに，専用のプロファイラを使うことができます．このプロファイラを起動することで，CPU 上のメモリから GPU 上のメモリへの転送量などを確認できます．すでに説明してきましたが，GPU での並列化においては，CPU のメモリから GPU 上のデバイスメモリへのデータ転送，および，GPU 上のデバイスメモリから CPU 上のメモリへのデータの書き戻し時のデータ転送量とデータ転送回数が，全体の性能に大きく影響を及ぼします．そのため，OpenACC を用いたプログラミングでの性能チューニングでは，このデータ転送量を確認することが重要になります．

　プロファイラの利用の仕方は，以下の環境変数の `PGI_ACC_TIME` に値の "1" を設定することで行えます．

```
$ export PGI_ACC_TIME=1
```

　以上の設定を行い，実行が終了すると，以下のようなプロファイルを出力します．

```
Accelerator Kernel Timing data
/home/katagiri/Poisson/F/poisson.f
  main  NVIDIA  devicenum=0
    time(us): 106,310
    62: data region reached 1 time
      62: data copyin transfers: 3
         device time(us): total=39 max=21 min=8 avg=13
    86: compute region reached 10000 times
      88: kernel launched 10000 times
        grid: [7x800]  block: [128]
         device time(us): total=106,271 max=55 min=6 avg=10
         elapsed time(us): total=265,459 max=71 min=24 avg=26
/home/katagiri/Poisson/F/poisson.f
```

```
  mypoisson  NVIDIA  devicenum=0
    time(us): 261,364
    147: data region reached 20000 times
    147: compute region reached 20000 times
      147: kernel launched 20000 times
        grid: [4]  block: [256]
          device time(us): total=261,364 max=121 min=9 avg=13
        elapsed time(us): total=522,482 max=134 min=23 avg=26
/home/katagiri/Poisson/F/poisson.f
  calcerr  NVIDIA  devicenum=0
    time(us): 219,655
    185: data region reached 10000 times
    185: compute region reached 10000 times
      187: kernel launched 10000 times
        grid: [7]  block: [128]
          device time(us): total=92,247 max=51 min=2 avg=9
        elapsed time(us): total=265,454 max=70 min=22 avg=26
      187: reduction kernel launched 10000 times
        grid: [1]  block: [256]
          device time(us): total=127,408 max=56 min=9 avg=12
        elapsed time(us): total=235,715 max=68 min=22 avg=23
```

以上のログでは，以下の情報が出力されています．

- OpenACC の並列化の対象である構文 (たとえば, Kernels 構文) が，プログラム全体で何回呼ばれたか (たとえば, `launched 10000 times`)
- 各構文における経過時間 (`elapsed time(us)`)
- 各構文における GPU での実行時間 (`device time(us)`)

したがって，どの並列化対象（構文）で，どれだけ経過時間がかかっているか，経過時間中において GPU 上で計算されている時間，および，データ転送の回数を知ることができます．

以上から，各構文において経過時間に対する GPU での実行時間の割合が少ない場合，CPU から，もしくは，CPU への，デバイスメモリからの転送時間が大きいことを意味しています．したがって，なるべくデータを GPU のデバイスメモリへ置くようなチューニングが必要となります．

3.3　データ転送量を削減する Data 構文

前節で，OpenACC を用いて GPU を使う場合は，CPU メモリからデバイスメモリへのデータ転送，および，デバイスメモリから CPU メモリへの結果の書き戻し，ができるだけないようにすることが，高性能を達成するために重要であることを説明しました．そこでここでは，これらのデータ転送を制御する OpenACC のディレクティブについて説明します．

3.3.1　Data 構文の書式

OpenACC では，**Data 構文**を用いて，該当する配列を明示的に，デバイスメモリへ転送するかどうかを指定できます．Data 構文は，以下のディレクティブで記載します．

● C 言語の場合

```
#pragma acc data [節のリスト]
{
  プログラムの並び
}
```

● Fortran 言語の場合

```
!$acc data [節のリスト]
  プログラムの並び
!$acc end data
```

以上の，節のリスト (**Data Clause**) には，どのように対象となる配列を扱うかを記載します．以下に，節のリストに記載できる機能のうち，よく利用されるものを記載します．

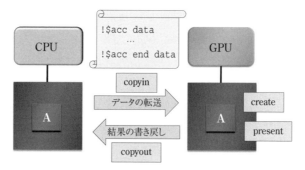

図 3.5　Data 節に記載される動作の説明

- copyin (変数リスト)

- copyout (変数リスト)

- create (変数リスト)

- present (変数リスト)

ここで，変数リストには，対象となる配列（変数）名を記載します．

以上で指定される動作の説明を，図 3.5 に示します．

図 3.5 では，copyin は，CPU メモリからデバイスメモリへコピーされる動作を指定します．copyout は，デバイスメモリから CPU メモリへ結果を書き戻す動作を指定します．create は，デバイスメモリに，変数リストで記載した配列（変数）を作ることを指定します．present は，Data 構文で対象となる処理に入るときに，すでにデバイスメモリに存在する配列（変数）を用いることを指定します．

ここで，**変数リスト**には，対象となる配列（変数）名を記載します．ここで対象となる配列名を A とするとき，以下の形式で，対象となる配列の範囲の情報を記載できます．

● C 言語の場合

A[開始インデックス：個数]

● Fortran 言語の場合

A(開始インデックス：個数)

C 言語の場合，配列 A[N] を宣言している場合には，開始インデックスは 0，最大インデックスは N-1 となることに注意してください．配列 A 全体をデバイスメモリへ転送する対象とする場合には，Data 節の記述としては，A[0:N] となります．注意点として，この第 2 要素の値の指定で，最終インデックスの値の N-1 としてはいけませんので，確認してください．

同様に，Fortran 言語では，配列 A(N) を宣言している場合で，この配列全体を指定する場合は，A(1:N) となります．

なお，変数リストに記載される配列の範囲を省略すると，コンパイラが自動で必要な範囲を解析して範囲が自動で設定されます．したがって，コンパイラが自動で範囲解析ができないようなコードの場合（たとえば，配列の一部だけ転送したい場合）のみ，この範囲は記載することになります．

3.3.2 Data 構文の効果

ここでは，まず，Data 構文を用いる前提について説明します．

Data 構文は，対象となる配列をどのタイミングで，どのように，デバイスメモリもしくは CPU メモリに転送するかの記載をするものです．したがって，いったん GPU に置かれた配列データを再利用し演算するようなプログラムでないと，Data 構文を用いる意味がありません．つまり，何らかのループの中に，複数の並列性の指定——たとえば複数の Kernels 構文の指定——があるループが対象となります．Fortran 言語の場合，以下のようなループです．

```
do i=1, MAX_ITER    !外側のループ
  ...
!$acc kernels       !内部計算ループ（1）
  do j=1, N
    ...
  enddo
!$acc end kernels
  ...
```

```
!$acc kernels      !内部計算ループ (2)
   do j=1, N
     ...
   enddo
!$acc end kernels
  ...
enddo
```

　以上の例において，外側のループが何回も反復して，内部計算ループ (1) と (2) で，共通する配列が左辺，もしくは，右辺に現れることが必要です．このような構成を持つプログラムは，数値計算処理に多くあります．特に，疎行列の反復解法では，上記のようなプログラム構成になります．

　では，上記のようなプログラム構成のとき，Data 構文を使わない場合と，使う場合でどのように最適化できるのでしょうか．一例を挙げます．

　図 3.6 は，Data 構文を使わない場合の例です．

　図 3.6 では，外側ループの iter が進むごとに，内部ループ (1) で使われる，配列 A(i,j) の値を CPU からデバイスメモリへコピーします．計算結果は配列 b(i) に収納されるのですが，Kernles 構文ループを終了するたびに，デバイスメモリ上にある b(i) の値を，CPU メモリに書き戻します．

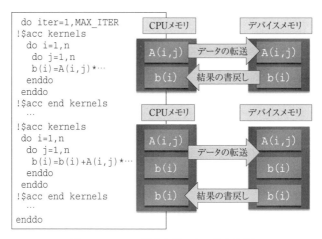

図 3.6　Data 構文を用いない場合の例

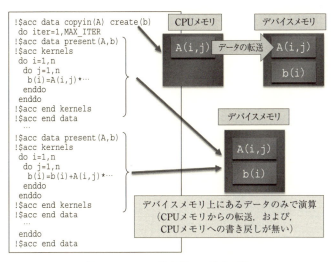

図 3.7　Data 節を用いる場合の例

引き続く内部ループ (2) でも，配列 b(i) と A(i,j) を使うのですが，デバイスメモリ上にある配列の値の再利用を指定していないため，双方とも CPU メモリからデバイスメモリへ配列をコピーし直します．

以上が外側ループ iter が進むごとに行われるため，データの転送時間が多くなってしまい，最適化されていないことがわかるでしょう．

そこで，図 3.7 では，Data 構文を用いて，配列 b(i) と A(i,j) の転送を最適化します．

図 3.7 では，iter ループに入る前に Data 構文の Data 節により，配列 A(i,j) をあらかじめデバイスメモリへ転送するように指示 (copyin) します．一方，配列 b(i) は，このプログラムでは，デバイスメモリ上のみで用いる配列であるため，配列をデバイスメモリ上に作製 (create) します．

一方，図 3.7 の内部にある Kernels 構文の 2 つのループでは，すでに必要な配列データが CPU メモリからデバイスメモリにコピーされているか，すでに作製されているため，デバイスメモリ上にあるという宣言 (present) をします．

以上のことで，CPU メモリからデバイスメモリへの転送を最小限にできます．このことにより，データ転送時間の最適化が実現できます．

この OpenACC の Data 構文は，第 2 章の 2.11.2 項の OpenMP 4.0 における Target Data 節と同様の機能といえます．

3.4 並列化の例

ここでは，OpenACC による並列化について，実例をもとに紹介します．

3.4.1 単純な例

ここでは，密行列の行列–行列積のコードを考えます．以下になります．

● C 言語の場合

```
for(i=0; i<n; i++) {
  for(j=0; j<n; j++) {
    for(k=0; k<n; k++) {
      C[i][j] += A[i][k] * B[k][j];
    }
  }
}
```

● Fortran 言語の場合

```
do i=1, n
  do j=1, n
    do k=1, n
      C(i, j) = C(i, j) + A(i, k) * B(k, j)
    enddo
  enddo
enddo
```

以上のコードについて，適切な OpenACC のディレクティブ指定を考えましょう．

既に説明したように，Kernels 構文や Parallel 構文の指定ができるかどうかは，対象となるループについて，内部の計算式について依存関係があるか

どうかです．

また，OpenACC での並列化のポイントも，OpenMP での並列化のポイントと同じになります．

したがって，行列–行列積のコードでは，最も外側のループである i ループについて並列性があることになります．なぜなら，どのような順番で i ループを回しても計算可能であり，これは，行列で考えると，配列 C[i][j] の i 行の計算について並列性があることと同じです．

結論として，Kernels 構文を指定する場合は，以下のように指定することで，並列化が終了します．

● C 言語の場合

```
#pragma acc kernels
    for(i=0; i<n; i++) {
      for(j=0; j<n; j++) {
        for(k=0; k<n; k++) {
          C[i][j] += A[i][k] * B[k][j];
        }
      }
    }
```

● Fortran 言語の場合

```
!$acc kernels
    do i=1, n
      do j=1, n
        do k=1, n
          C(i, j) = C(i, j) + A(i, k) * B(k, j)
        enddo
      enddo
    enddo
!$acc end kernels
```

次に，OpenACCでの実行は，CPUの実行に対して，どれだけ高速化されるでしょうか？　この答えは，計算機環境に依存します．そこで，利用するGPU環境を以下に示します．

- CPU：Xeon E5-2697 v2, IvyBridge-EP (2.7 GHz)
    - ノード当たり12コア（Hyper Threadingで最大24スレッド），2ソケット
    - ノード当たり，$8\,\text{FLOPS} \times 2.7\,\text{GHz} \times 12\,\text{cores} = 259.2\,\text{GFLOPS}$
    - メモリ：DDR3-1866 MHz, 64 GB, ECC on, 59.7 GB/s
- GPU：Tesla K40c HPC版 Kepler

この環境のとき，CPU実行（逐次実行）に対する，OpenACCでのGPU実行（C言語の場合）は以下になります．

● CPU実行
```
N   = 4000
Mat-Mat time   = 236.6 [seconds]
  540.9 [MFLOPS]
```

● GPU実行
```
N   = 4000
Mat-Mat time   = 8.34 [seconds]
  15332 [MFLOPS]
```

以上から，逐次でのCPU実行に対して，GPU実行で約28.3倍の高速化が達成されています．

ここで注意しなければならないのは，一般的にはCPUでの実行はOpenMP化されていますので，CPUでの実行もOpenMPでスレッド並列化して，すべてのコア，もしくは，Hyper Threadingでの最大スレッド実行までで最速となる実行形態で性能を比較する必要があることです．上記の例の場合，理想的でも逐次性能の12倍ですので，それでも2.3倍以上はGPU実行のほうが高速になるわけです．

また重要なのは，性能だけでなく，性能を考慮した上での，プログラム開発のコストになります．先ほど説明したようにOpenACCでは，並列化のコスト（手間）が，並列化のポイントを見つけるという意味ではOpenMPと同じなため，OpenMPでのプログラミングと大差がないといえます．したがって，OpenMPと同じコストでCPU実行の数倍の性能差が得られれば，ユーザが得る効果は大きいと判断できます．

また問題は，一般のアプリケーションでは，上記の行列–行列積のコードのように単純ではなく，デバイスメモリへのデータ転送の処理が複数のポイントで必要であり，そのままではデータ転送時間が無視できないため，CPU実行より遅くなることが普通です．ですので，Data構文で示したようなデータ転送時間の最適化のためのチューニングコストが，OpenMPで必要としない手間として付加されます．つまるところ，このOpenACCにおけるデータ転送時間の最適化のコストを含み，CPUでの実行時間よりも高速化されるかどうかが重要になります．

3.4.2 依存関係が無いことを明示しないといけない例

例題IIIの「陽解法によるポアソン方程式の解法」で説明した，並列化方法である赤–黒法による演算を考えます．この主演算は，以下のようになります．

● C言語の場合

```
for (icolor=0; icolor<2; icolor++) {
  for (i=1; i<M+1; i++) {
    if ( (i + icolor) % 2 == 0) {
      jstart = 2;
    } else {
      jstart = 1;
    }
    for (j=jstart; j<M+1; j+=2) {
      U_rhs[i][j] = 0.25 *
        ( h_pow * sin((double)i * (double)j) +
```

```
                U_rhs[i][j-1] + U_rhs[i-1][j] +
                U_rhs[i+1][j] + U_rhs[i][j+1] );
    }
  }
}
```

● Fortran 言語の場合

```
 do icolor=0, 1
   do j=1, M
     if (mod(j + icolor, 2) .eq. 0) then
       istart = 2
     else
       istart = 1
     endif
     do i=istart, M, 2
       U_rhs(i, j) = 0.25d0 *
&        ( h_pow * dsin(dble(i)*dble(j)) +
&          U_rhs(i,j-1) + U_rhs(i-1,j) +
&          U_rhs(i+1,j) + U_rhs(i,j+1) )
     enddo
   enddo
 enddo
```

以上のループでは，理論的に，最外側ループである

```
  for (icolor=0; icolor<2; icolor++)
```
を逐次に回すことを保証すれば，第 2 ループである
```
  for (i=1; i<M+1; i++)
```
が並列に実行できます．

そこで，この第 2 ループである，i ループに，Parallel 構文などにより，並列化の指示を与えることになります．

ところが，コンパイラによる並列性の解析をすると，内部ループの式である

```
U_rhs[i][j] = 0.25 *
 ( h_pow * sin((double)i * (double)j) +
  U_rhs[i][j-1] + U_rhs[i-1][j] +
  U_rhs[i+1][j] + U_rhs[i][j+1] );
```

において，iループの変数iに関する参照U_rhs[i-1][j]とU_rhs[i+1][j]に，i-1とi+1の添え字があるため，字面だけではデータ依存があり，並列化が不可能であるとコンパイラが判断します．結果として，並列化をしてくれません．

そこで，並列性をユーザが保証し，強制的にループを並列化する節が必要になります．それが，**Independent**節です．以上のループに，Independent節を指定した場合の例を，以下に示します．

● C言語の場合

```
for (icolor=0; icolor<2; icolor++) {
#pragma acc parallel loop independent
  for (i=1; i<M+1; i++) {
    if ( (i + icolor) % 2 == 0) {
      jstart = 2;
    } else {
      jstart = 1;
    }
    for (j=jstart; j<M+1; j+=2) {
      U_rhs[i][j] = 0.25 *
        ( h_pow * sin((double)i * (double)j) +
          U_rhs[i][j-1] + U_rhs[i-1][j] +
          U_rhs[i+1][j] + U_rhs[i][j+1] );
    }
  }
}
```

● Fortran言語の場合

```
 do icolor=0, 1
!$acc parallel loop independent
   do j=1, M
     if (mod(j + icolor, 2) .eq. 0) then
       istart = 2
     else
       istart = 1
     endif
     do i=istart, M, 2
       U_rhs(i, j) = 0.25d0 *
&       ( h_pow * dsin(dble(i)*dble(j)) +
&         U_rhs(i,j-1) + U_rhs(i-1,j) +
&         U_rhs(i+1,j) + U_rhs(i,j+1) )
     enddo
   enddo
!$acc end parallel
 enddo
```

ここで，Parallel 構文と併用して，1 つの文で記載している新しい構文を用いています．それは，**Loop** 構文です．Loop 構文は，ループを実行する際の並列性のタイプを指定するディレクティブです．

Loop 構文では，上記の independent のほかに，図 3.2 で説明した構文（まとめて，**Compute** 構文と呼びます）の，gang, worker, vector を指定できます．またそのほかには，並列処理の粒度（並列処理するループ長）を指定できる，Tile 節があります．詳しくは，OpenACC 2.0 仕様書 [27] をご覧ください．

以上の independent の指定により，並列化がされます．本当に並列化がされたかどうかは，コンパイラ最適化のコメント出力で確認する必要があります．

3.4.3 Vector節を指定して高速化を試す例

図3.2で説明したように，最下層の命令レベルの並列性であるvector命令を指定することで，コンパイラによるvector命令，たとえば，SIMD命令の生成を促進させることができます．SIMD命令の生成により，高速化される場合があります．

vector命令は，既に説明したように，Loop構文中で指定します．先ほど説明した，赤–黒法にvectorを指定する場合は，以下のように記載します．

● C言語の場合

```
for (icolor=0; icolor<2; icolor++) {
#pragma acc parallel loop independent
  for (i=1; i<M+1; i++) {
    if ( (i + icolor) % 2 == 0) {
      jstart = 2;
    } else {
      jstart = 1;
    }
#pragma acc loop vector
    for (j=jstart; j<M+1; j+=2) {
      U_rhs[i][j] = 0.25 *
        ( h_pow * sin((double)i * (double)j) +
        U_rhs[i][j-1] + U_rhs[i-1][j] +
        U_rhs[i+1][j] + U_rhs[i][j+1] );
    }
  }
}
```

● Fortran言語の場合

```
do icolor=0, 1
!$acc parallel loop independent
```

```
    do j=1, M
      if (mod(j + icolor, 2) .eq. 0) then
        istart = 2
      else
        istart = 1
      endif
!$acc loop vector
      do i=istart, M, 2
        U_rhs(i, j) = 0.25d0 *
&         ( h_pow * dsin(dble(i)*dble(j)) +
&           U_rhs(i,j-1) + U_rhs(i-1,j) +
&           U_rhs(i+1,j) + U_rhs(i,j+1) )
      enddo
!$acc end loop
    enddo
!$acc end parallel
 enddo
```

以上の指定により，第 2 ループで Parallel 構文による並列化を行い，ループ内部の演算レベルでは，vector 命令を促進するコードを生成するという並列化が指定できます．

Vector 節をつけると速くなるかどうかは，プログラム次第といえます．したがって，Vector 節をつけるか，つけないかということも，OpenACC でのチューニング項目になります．

3.5 例題 VI（密行列の行列–行列積）

前節で説明した密行列の行列–行列積を OpenACC で並列化してください．既に説明したように，OpenACC での並列化のポイント（ディレクティブを挿入する場所）は，OpenMP での並列化のポイントと同じになります．

なお，本例題には本書の付録のプログラム（OpenMP のもの）を用いるこ

とができます．また，OpenACC の解答を収納しています．

3.6 例題 VII（陽解法によるポアソン方程式の解法）

陽解法によるポアソン方程式の解法を OpenACC で並列化してください．
並列化の注意点としては，添付のプログラムの構成は，以下のようになっています．

● C 言語の場合

```
//=== Main loop
for (i=1; i<=MAX_ITER; i++) {
  // --- perform explicit method ( Gauss-Seidel Method )
  MyPoisson(U, h_pow);
  //--- compute maximum differences
  CalcErr(U, U_old, &dmax);
    ...
} //=== End of Main loop
```

● Fortran 言語の場合

```
c === Main loop
  do i=1, MAX_ITER
c    --- perform explicit method ( Gauss-Seidel Method )
    call MyPoisson(U, h_pow, M)
c    --- compute maximum differences
    call CalcErr(U, U_old, M, dmax)
      ...
  enddo
c === End of Main loop
```

ここで，メインループである i ループの前に，Data 構文により内部計算ループで必要となる配列の転送指定をすることで，データ転送時間を最適化

できます．内部計算ループのデータアクセスパターンから，Copyin 節のみで記述できます．

また，`MyPoisson` と `CalcErr` 関数（手続き）内は，Kernels 構文，もしくは，Parallel 構文で並列化できます．この際，利用される配列については，上記のメインループ前にデータ転送をしているので，Data 構文を用いて `present` 指定する必要があります．

なお，本例題には本書の付録のプログラム（OpenMP のもの，赤–黒法による並列化）を用いることができます．また，OpenACC の解答を収納しています．

3.7　例題 VIII（疎行列反復解法 CG 法）

疎行列反復解法 CG 法を OpenACC で並列化してください．

CG 法も，例題 VII（陽解法によるポアソン方程式の解法）のように，外側ループ

● C 言語の場合

```
for (i=1; i<=MAX_ITER; i++) {
  ...
```

● Fortran 言語の場合

```
do i=1, MAX_ITER
  ...
```

の前に Data 構文により，計算に必要な配列をデバイスメモリに転送しておくことで，データ転送時間を最適化できます．

CG 法においては，疎行列–ベクトル積 (SpMV) を，Parallel 構文等を用いて並列化することが必要になります．その際，Data 構文により必要な配列がデバイスメモリへ転送されているので，Present 節で，配列がデバイスメモリ上にあることを指定する必要があります．

SpMV の並列化は，CRS 形式の場合はデータ依存から，疎行列の行レベルで並列化を行います．行単位で並列化する場合は，OpenMP のときのよう

に，最外側ループを Parallel 構文などで並列化指定するだけで並列化ができます．

以上の並列化に加えて，内部演算を Loop 構文で並列化をすることもできます．その場合は，演算結果を収納する変数，たとえばこれを s とするとき，変数 s に対して Reduction 節の指定が必要です．また，この演算自体を Vector 節で vector 命令指定することができます．

以上の並列化を指定した場合の例は，以下になります．

● C 言語の場合

```
#pragma acc data present(IRP,VAL,X,ICOL,Y)
{
#pragma acc parallel loop
  for (i=0; i<n; i++) {
    s = 0.0;
#pragma acc loop vector reduction(+: s)
    for (j_ptr=IRP[i]; j_ptr <=IRP[i+1]-1; j_ptr++) {
      s += VAL[j_ptr] * X[ICOL[j_ptr]];
    }
    Y[i] = s;
  }
}
```

● Fortran 言語の場合

```
!$acc data present(IRP,VAL,ICOL,X,Y)
!$acc parallel loop
 do i=1,n
   s = 0.0d0
!$acc loop vector reduction(+: s)
   do j_ptr=IRP(i),IRP(i+1)-1
     s = s + VAL(j_ptr)*X(ICOL(j_ptr))
   enddo
```

```
!$acc end loop
   Y(i) = s
 enddo
!$acc end parallel
!$acc end data
```

なお，本例題には本書の付録プログラム（OpenMP のもの）を用いることができます．また，OpenACC の解答コードを収納しています．

章末問題

[L10] 使える GPU 計算機環境で，例題 VI を行え．CPU（OpenMP 実行）と GPU で，GPU が高速なる問題サイズを調べよ．

[L10] 使える GPU 計算機環境で，例題 VII を行え．CPU（OpenMP 実行）と GPU で，GPU が高速なる問題サイズを調べよ．

[L15] 使える GPU 計算機環境で，例題 VIII を行え．CPU（OpenMP 実行）と GPU で，GPU が高速なる問題サイズを調べよ．

[L10〜L30] 自分の持っている実用プログラムに対して，使える GPU 計算機環境で，OpenACC による並列化を行え．CPU プログラムを OpenMP により並列化した上で，どのような条件（問題サイズ等）で，CPU プログラムより高速化されるか，性能評価せよ．

第4章 ハイブリッド MPI/OpenMP プログラミングへの進展

本章では，ハイブリッド MPI/OpenMP プログラミング (Hybrid MPI/OpenMP Programming) について説明します．

ハイブリッド MPI/OpenMP プログラミングとは，本書で扱ったノード内の並列化である OpenMP を用いたスレッド並列化（もしくは，OpenACC を用いた GPU（アクセラレータ）での並列化を含む）に加えて，**Message Passing Interface (MPI)** を用いたノード外（分散メモリ）での並列化を混在して行うプログラミング形態のことです．近年のスーパーコンピュータでの並列実行で高性能実行に必須のプログラミング形態です．経験的に，1万プロセス実行以上の超並列実行で有効とされています．

まずここでは，ハイブリッド MPI/OpenMP プログラミングを実行する場合のハードウェアの観点での実行形態の違いを図 4.1 に載せます．

図 4.1 では，3つの形態が示されています．

まず図 4.1(a) の例は，MPI で通信を CPU 経由で行う形態です．この形態は，マルチコア計算機を構成要素にしたスーパーコンピュータ等で行われる形態です．現在，ほとんどのスーパーコンピュータでの通信はこの形態でのハイブリッド MPI/OpenMP 実行になります．

図 4.1(b) の例は，演算を CPU，もしくは，加速器，もしくは，CPU と加速器で行いますが，MPI による通信は CPU を経由して行う形式です．ここでの加速器とは GPU に加えて，Intel MIC (Intel Xeon Phi) アーキテクチャを用いたメニーコア CPU での実行も含まれます．CPU から加速器に演算を依頼するため，**オフロード (Off-load)** を行います．オフロードには，メニーコア用の専用の言語に加えて，GPU を用いるための CUDA や，本書の第 3 章で紹介した OpenACC が相当します．通信は CPU を経由するので，MPI の実行を CPU で行うことになります．また，加速器に相当するメニーコア

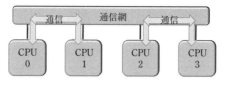
(a) CPUでの実行

(b) アクセラレータでの実行（通信はCPU経由）

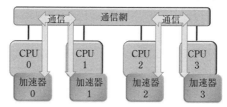
(c) アクセラレータでの実行（通信がアクセラレータ経由）

図 4.1　HybridMPI/OpenMP の実行形態

による実行（たとえば，Xeon Phi の**ネイティブモード (Native Mode)** による MPI 実行）においても，そのままでは，CPU を経由した MPI 通信になります．したがって，(b) のようになります．現在，多くのスーパーコンピュータは CPU と GPU が搭載されたものですので，(b) の形態になります．

図 4.1(c) の例は，図 4.1(b) の例と同じですが，MPI の通信が CPU を経由せず，直接，加速器から行われます．そのため，高速な通信が実現されます．この (c) の形態の通信を行うためには，専用の通信ハードウェアの実装が必須になります．したがって 2015 年現在においては，まだ普及していません．しかし，今後数年で普及していく形態といえます．

以上の図 4.1(a)～(c) の例はハードウェア上の実行形態です．プログラミング形態においては，OpenMP（や OpenACC）を用いてノード内の並列化を行い，ノード外の通信は MPI を用いてプログラミングを行う形態であり，

差がありません．そこで本章では，今まで行ってきた OpenMP のプログラミングをもとにして，MPI を用いた並列化をするプログラミングの導入を行います．

4.1 ハイブリッド MPI/OpenMP プログラミングをするために

4.1.1 並列プログラム作製の方針

ハイブリッド MPI/OpenMP のプログラムを作成するときに限らず，OpenMP の並列化をするときにも該当します．重要なことは，並列化の方針（並列化の方法論）を固めることです．そこでまず，この並列化の方針について図 4.2 で説明します．

図 4.2 で重要なことは，(1) 正しく動作する逐次プログラムを作製すること，および，(2) 正しさを検証するためのプログラム上の単位（および，入力データ）を決めることです．図 4.2 の方針をとるかどうかで，並列化時のデバックの容易さ，および完成までの時間が決まります．ですので，並列化前に，正しい逐次プログラムとテストのための入力データを作製しておくことが必須です．

特に数値計算においては，正しさを検証するためのプログラム上の単位は，数値アルゴリズム上の意味あいから決まっていることが多いです．つまり数値計算プログラムの処理単位は，プログラム上の基本ブロック（ループ単位など）ではなく，数値計算上の処理単位（数式レベルで記述できる単位）となります．この点がユーザ知識となります．プログラム上の字面と論理構造だけで見る，コンパイラによる自動検証だけでは入手できない情報といえます．

---

1. 正しく動作する逐次プログラムを作成する．
2. 手順 1. のプログラムで，適切なテスト問題を作成する．
3. 手順 2. のテスト問題の実行について，適切な処理の単位ごとに，正常動作する計算結果を確認する．
4. 手順 1. の逐次プログラムを並列化し，並列プログラミングを行う．
5. 手順 2. のテスト問題を実行して動作検証する．このとき，手順 3. の演算結果と比較し，正常動作をすることを確認する．もし異常であれば，手順 4. に戻りデバックを行う．

図 4.2 並列プログラム作成の方針

たとえば，離散化（行列作成）部分，数値計算の手法である **LU 分解法**部分（LU 分解部分，前進代入部分，後退代入部分），などが該当します．

また演算結果は，なんらかの数値解析上の意味において検証されます．たとえば，理論解とどれだけ離れているか，考えられる丸め誤差の範囲内にあるか，などです．また，数値シミュレーションでは，計算された物理量（たとえば流速など）が物理的に妥当な範囲内にあるか，などで検証することもされます．両者が不明な場合でも，数値的に妥当であると思われる逐次の結果と比べ，並列化した結果の誤差が十分に小さいか，などで検証ができます．したがって，数値計算プログラムの生成コードの検証は，プログラム上の字面と論理構造による正しさの検証だけでは不十分であり，演算結果の数値解析による検証も必要となります．

4.1.2 MPI 並列化の方針

ここで，実際の MPI 並列化の方針について，簡単に述べたいと思います．

(a) OpenMP プログラムから MPI プログラムへの移行

まず最初に述べておきたいのは，OpenMP プログラムから MPI プログラムへの移行は比較的容易ということです．この理由は，この後の項で説明するデータ並列性の記載が，OpenMP のディレクティブ——多くは，Parallel 節で記載されている——により，MPI 並列化するポイントが指定されているからです．ですので，OpenMP プログラムから MPI プログラムへの移行は，OpenMP の並列化ポイントをもとにすればよいことになります．

注意しなければならないのは，OpenMP で並列化されたポイント（多くは，ループになります）の内部に，MPI 化するポイント（ループ）を設定してはいけないということです．理由は，ハイブリッド MPI/OpenMP 化するときに，外側のループを OpenMP 実行すると，内部の MPI ループの通信がスレッドごとに行えないか，もしくは，MPI での通信時間が増えることで，性能が劣化してしまうからです．つまりは，質の悪いプログラムになります．

以上の理由により，OpenMP プログラムからハイブリッド MPI/OpenMP プログラムへの移行は，以下の図 4.3 の手順になります．

図 4.3 の手順 1. は，次項の「データ並列性の活用」での MPI 化の方法と同一になります．

> 1. OpenMP で並列化しているループを，MPI で並列化する（ループの開始値と終了値を，MPI プロセスに対応させる）．
> 2. 手順 1. の並列化で必要となる MPI 通信処理を記載する．
> 3. 手順 2. での MPI 実行を確認する．
> 4. 手順 1. の MPI 並列化ループに，OpenMP の記載をする．多くは，元の OpenMP の記載がそのまま利用できる．

図 4.3　並列化の方針（**OpenMP** プログラムをもとにする場合）

> 1. 全プロセスで，配列を逐次と同様に確保する．たとえば，行列 A を考えると，行列 A の係数を保持している配列 A を $N \times N$ の大きさを確保してよいとする．
> 2. 各プロセスは，担当の範囲のみ計算するように，演算に関するループの開始値と終了値を変更する．また，通信が必要な場合は，MPI 通信を記述する．
> 3. 手順 2. で正常動作する MPI 並列プログラムを完成させる．（簡易 MPI 並列化プログラム）
> 4. 各プロセスで必要なデータしか配列を確保しないように，プログラムを変更する．
> 5. 手順 4. で正常動作する MPI 並列プログラムを完成させる．（完全 MPI 並列化プログラム）

図 4.4　並列化の方針（データ並列）

(b)　データ並列性の活用

いま，対象とする逐次プログラムにおいて，何らかの数値計算をしており，配列が確保されているとします．特に線形代数に関連する数値計算では，配列が行列を意味しています．さらに，配列を分割することで，計算も分割でき，並列化ができることが多いです．このように，配列（データ）を分割することで計算も分割でき，かつ並列化できる並列処理のことを，**データ並列**（**Data Parallel**）と呼びます．

配列 A について，データ並列可能な数値計算プログラムがあるとしましょう．このとき，MPI 並列化（分散メモリ並列化，プロセス並列化）をするためには，図 4.4 の方針をとります．

図 4.4 の方針では，手順 3. の簡易 MPI 並列化プログラムでは，通常想定される，MPI のプロセス数を増やせば増やすほど，プログラム全体として解いている問題サイズを大きくできません．なぜなら，逐次プログラムと同様に配列を確保しているため，解ける問題の大きさは，1 ノード内のメモリサイズの制約を受けるからです．ではなぜ，簡易 MPI 並列化を行うかというと，手順 2. のように，ループの開始値と終了値を変更するだけで，並列プログラ

ムが簡単に作製できるからです．なぜこの方法が使えるかというと，データ並列を仮定しているからです．

次に，図 4.4 の手順 4. で，完全 MPI 並列化プログラムを作製します．この際の注意点は，配列は各プロセスが必要とするサイズしかとらないために，ループの開始値と終了値が，手順 2. の簡易 MPI 並列化時と変わることです（そのまま手順 2. のループを使うと，確保されていない配列 A の領域をアクセスして，領域侵犯エラーとなります）．そのため，ループ値の開始値，終了値の変更，および，配列 A に関するインデックスの変更，などの処理が必要になります．さらに場合によっては，MPI 通信の実装も修正します．完全 MPI 並列化では，MPI プロセス数を増やすに従い，全体で解いている問題サイズも大きくできます．

図 4.4 の並列化の方針をとるメリットは，並列化の困難性を少なくするためです．いきなり完全 MPI 並列化のプログラムを作製すると，バグを引き起こし，プログラム開発コストを増大させます．したがって，図 4.4 の並列化のように，段階を分けて並列化を行っていきます．

次に，図 4.4 の手順 2. を行う際，担当するプロセスごとの計算を行うことが必要ですが，これは，配列 A の各 MPI プロセスへの分割の仕方（**データ分散方式 (Data Distribution Method)**）に依存します．データ分散方式は多数考えられ，処理の演算パターンから最も適切な方法を採用します．一般に，数学的に簡単な方法のほうが，あらゆる点で利点があります．

いま，単純な**ブロック分散 (Block Distribution)** という方法を考えましょう．それを，図 4.5 に示します．

図 4.5 では，配列 A を 4 つの MPI プロセスで分散します．2 次元の配列 A を，列方向を均等に n/4 の大きさの短冊状に分けて，それを，各 MPI プロセスに分担させます．この例では，配列を割り当てられた各 MPI プロセスは，CPU に 1 対 1 で割り当てられ，並列に実行されるとします．

ここで，ブロック分散方式を仮定する場合，図 4.4 の手順 2. のループ構成は，たとえば以下のようになります．ここで，問題サイズ n は，MPI プロセス数 `numprocs` で割り切れるとします．

4.1 ハイブリッド MPI/OpenMP プログラミングをするために　139

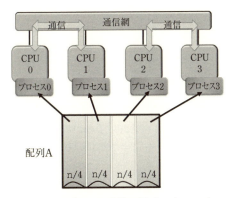

図 **4.5** ブロック分散の例（4 プロセス）

●ブロック分散方式でのループ構成の例（C 言語）

- 手順 2. のループ例
  ```
  ib = n / numprocs;
  for ( j = myid*ib; j < (myid+1)*ib; j++) {
     ...
  }
  ```

- 手順 4. のループ例
  ```
  for ( j=0;   j<ib;   j++)   {
     ...
  }
  ```

●ブロック分散方式でのループ構成の例（Fortran 言語）

- 手順 2. のループ例
  ```
  ib = n / numprocs
  do j=myid*ib+1, (myid+1)*ib
     ...
  enddo
  ```

- 手順 4. のループ例
  ```
  do j=1, ib
     …
  enddo
  ```

以上のプログラムのうち，ib = n / numprocs の ib は，ブロック分散の幅を決めるので，**ブロック幅 (Block Length)** と呼びます．ブロック幅は，性能に影響するパラメタになりますので，性能チューニングに重要な概念です．

もう少し一般的なデータ分散を説明しますと，**サイクリック分散方式 (Cyclic Distribution Method)** があります．サイクリック分散方式は，ブロック分散方式でのブロック幅を m とし，プロセスの割り当てが最終割り当てまで進むと，プロセス 0 に戻る（循環する）方式です．4 MPI プロセスでは，MPI プロセスの割り当て順は，0，1，2，3，0，1，2，3，0，…となります．

4.1.3 負荷分散とデータ分散方式

MPI プロセス間の負荷分散を考慮し，多彩なデータ分散方式を採用可能です．ですが，性能を考慮する場合，数学的に単純なデータ分散方式がよいことになります．以下に特徴をまとめます．

- おすすめ度◎：ブロック分散，サイクリック分散（ブロック幅 = 1）
- おすすめ度△〜○：サイクリック分散（ブロック幅 = m（任意））
- おすすめ度×：任意のデータ分散

以上の理由として，複雑な（任意な）データ分散を実現するためには，各MPI プロセスが所有するデータ分散情報として，インデックスリストを必要とするため，インデックスリストのメモリ量が余分に必要となるからです．たとえば，1 万 MPI プロセス並列では，プロセス全体のデータ分散情報が一般に必要なため，少なくとも 1 万次元の整数配列が必要となります．一方，数学的に単純なデータ分散（たとえば，ブロック分散方式）の場合は，計算でMPI プロセスの所有者情報や計算に必要なインデックスがわかるので，このインデックスリストは不要となります．

> 1. 正しく動作するピュア MPI プログラムを開発する．
> 2. OpenMP を用いて対象カーネルをスレッド並列化する．
> 3. 手順 2. の性能評価をする．
> 4. 手順 3. の評価結果から性能が不十分な場合，対象演算について，OpenMP を用いた性能チューニングを行う．手順 3. へ戻る．
> 5. 全体性能を検証し，通信時間に問題がある場合，通信処理のチューニングを行う．

図 4.6 ハイブリッド MPI/OpenMP プログラム開発の指針

4.1.4 ハイブリッド MPI/OpenMP 並列プログラム開発の指針

いままで説明した MPI 並列化の方法は，OpenMP を利用しない MPI だけでの並列化です．このような実行形態を，ピュア MPI (**Pure MPI**) 実行と呼びます．このときの，ハイブリッド MPI/OpenMP プログラム開発の指針を，図 4.6 に示します．

図 4.6 では，OpenMP 並列化を始める前に，可能であれば，MPI 並列化を先に行うほうが，ハイブリッド MPI/OpenMP プログラム開発の観点では，効率がよいことを示しています．

しかし OpenMP 並列化を既に行っているプログラムに対しては，OpenMP のスレッド数を 1 に固定して，ピュア MPI コードの開発をすることで，図 4.6 の指針どおりの開発ができます．

後述のハイブリッド MPI/OpenMP プログラムの実例でも紹介しますが，性能を考慮して OpenMP のコードを開発する場合，ハイブリッド MPI/OpenMP プログラム開発は，OpenMP でのコード開発と大差がないことに気がつきます．もっとも，通信処理を MPI 関数で記載する手間，および，各プロセスで必要とするメモリ量だけを確保して動作するように演算を書き直す手間は増加します．しかし，基本的な並列化の考え方は変わりません．

4.1.5 ハイブリッド MPI/OpenMP プログラムによる性能パラメタの追加

ハイブリッド MPI 実行では，MPI プロセス数に加えて，スレッド数がチューニングパラメタとなり，複雑化します．

たとえば，1 ノード 16 コア実行する場合を考えます．2.5.6 項の「ファーストタッチ」に関係しますが，ccNUMA の計算機では，各スレッドでアクセスするデータが，近いメモリ上に置かれるようになるため，ソケット数ご

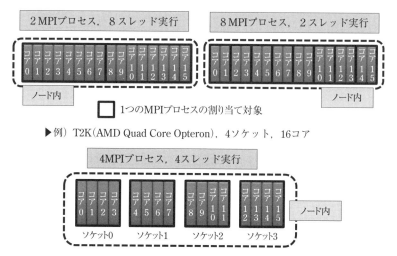

図 4.7 ハイブリッド MPI/OpenMP 実行の組み合わせ例

とに 1 MPI プロセス実行が高速となる可能性があります（例：AMD Quad Core Opteron, 4 ソケット, 16 コアの場合）．

以上の例を，図 4.7 で説明します．

図 4.7 では，MPI プロセス実行は，1 ノード内でも実行可能であり，最大でノード内コア数分の MPI プロセス数が実行できます．また最低でも，1 ノード内で 1 つの MPI プロセスを起動する必要があります．したがって，この範囲内での組み合わせの数だけ，ハイブリッド MPI/OpenMP 実行の形態があります．

また，ハードウェアとして，1 ソケットに 4 つのコアが搭載されている場合，ソケットごとに 1 つの MPI プロセスを起動し，ソケット内にあるコア数分の OpenMP プロセス実行をすることにすれば，ハードウェアの観点から最適なハイブリッド MPI/OpenMP 実行となります．ただし，プログラムのデータアクセスパターンに依存し，必ずしもハードウェアの観点から最適なハイブリッド MPI/OpenMP 実行形態が最速であるとは限りません．

4.2 並列化の例

4.2.1 ハイブリッド MPI/OpenMP 実行の起動方法

ハイブリッド MPI/OpenMP 実行を行う計算機環境は，PC をつなげた PC クラスタでもありえますが，多くの場合はスーパーコンピュータでの実行と予想されます．スーパーコンピュータでの実行については，環境により異なりますが，以下の方法が主流です．

1. バッチジョブシステムを通して，MPI の数を指定する．

2. バッチジョブスクリプト中に，実行コマンドで，OMP_NUM_THREADS 環境変数を用いて，スレッド数を指定する．

ccNUMA の計算機の場合，MPI プロセスを，期待する物理ソケットに割り当てないと，ハイブリッド MPI 実行の効果がなくなることがあります．そこで，Linux では，**numactl** コマンドで，実行時に MPI プロセスを割り当てる指定をすることができます．また，スーパーコンピュータの環境によっては，MPI プロセスを指定する物理コアに割り当てる方法があります．

(a) MPI コンパイラの利用

MPI 用のコンパイラを使うようにしてください．MPI 用のコンパイラを使わないと，MPI ライブラリへのリンク指定をユーザ自身で正しくしていない場合，MPI 関数が未定義というエラーが出て，コンパイルできなくなります．たとえば，以下のような名称で，MPI 用のコンパイラを呼び出すコマンドがありますので，確認してください．

- Fortran 言語：`mpif90`

- C 言語：`mpicc`

- C++言語：`mpixx`, `mpic++`

コンパイラのオプションは，逐次コンパイラのオプションと同じになります．

(b) ハイブリッド MPI/OpenMP の実行形態の制約

ハイブリッド MPI/OpenMP の実行形態は，以下の制約がつくことがあります．

- MPI プロセス数 + OpenMP スレッド数 ≦ 利用コア総数

ここで，HT (Intel) や SMT (IBM) などの，物理コア数の定数倍のスレッドが実行できるハードウェアの場合，スレッド数（論理スレッド数）が上記の利用コア総数となります．

必ずしも，1 ノード内に 1 つの MPI プロセス実行が高速とはなりません．OpenMP による並列化の効果は，8 スレッドを超えると悪くなることが経験的に多いです．効率の良いハイブリッド MPI 実行には，効率の良い OpenMP 実装が必須となります．

4.2.2 数値計算ライブラリとハイブリッド MPI/OpenMP 実行

数値計算ライブラリのなかには，ハイブリッド MPI/OpenMP 実行をサポートしているものがあります．数値計算ライブラリがスレッド並列化されている場合，特に密行列用ライブラリの ScaLAPACK は，通常ハイブリッド MPI/OpenMP 実行をサポートしています．

密行列用の数値計算ライブラリ ScaLAPACK は，MPI 実行をサポートしています．また，ScaLAPACK は，逐次の LAPACK をもとに構築されており，LAPACK は基本数値計算ライブラリ Basic Linear Algebra Subprograms (BLAS) をもとに構築されています．

BLAS は，たいていのライブラリで，スレッド実行をサポートしています．したがって，BLAS レベルのスレッド実行と，ScaLAPACK レベルの MPI 実行をもとにした，ハイブリッド MPI/OpenMP 実行が可能となります．

● ScaLAPACK におけるハイブリッド MPI/OpenMP 実行の効果の例

ScaLAPACK の連立 1 次方程式解法ルーチン PDGESV の性能を紹介します．ここでは，東京大学情報基盤センターに設置された HITACHI SR16000 (CPU は，IBM Power7 (3.83 GHz)) を挙げます．これは 1 ノード 4 ソケット，1 ソケット当たり 8 コア，合計 32 コア，980.48 GFLOPS/ノードの性能

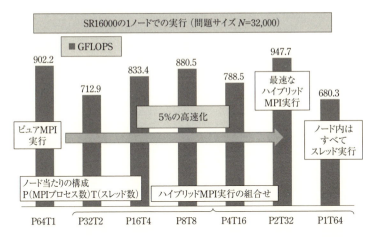

図 4.8 ScaLAPACK のハイブリッド MPI/OpenMP 実行の性能

があります．SMT 利用で，1 ノード 64 論理スレッドまで利用可能です．

ScaLAPACK は，同環境で提供されている IBM 社の ESSL (Engineering and Scientific Subroutine Library) を利用しています．

図 4.8 に結果を示します．

図 4.8 では，P を MPI プロセス数，T を 1 つの MPI プロセスが生成するスレッド数とすると，ピュア MPI 実行 (P64T1) に対して，複数のハイブリッド MPI/OpenMP 実行を評価した結果，P2T32 が最速となりました．したがって，ピュア MPI 実行に対して，ハイブリッド MPI/OpenMP 実行で約 5%の高速化ができます．図 4.8 では 1 ノードしか使っていませんので，複数ノードを使った実行では，ハイブリッド MPI/OpenMP 実行による通信時間削減の効果が期待できるため，さらにハイブリッド MPI/OpenMP 実行での速度向上が期待できます．

4.3 例題 IX（密行列の行列−行列積）

以下で示す，密行列の行列−行列積

$$C = C + AB \tag{4.1}$$

の並列化を行ってください．まず MPI 並列化をしてください．このとき，行

列 A, B, C を保持する配列の A，B，C について，以下のデータ分散をしてください．

- A：行方向のブロック分散方式
- B：列方向のブロック分散方式
- C：行方向のブロック分散方式

MPI 並列化に際して，逐次と同じように配列を確保してよいとします．

OpenMP 並列化は，MPI 並列化したループについて，行ってください．

以上を考慮して，密行列の行列–行列積のハイブリッド MPI/OpenMP での並列化を行ってください．なお，本例題には本書の付録のプログラムを用いることができます．

4.4 MPI プログラミングをより深く勉強するためには

MPI の初心者が MPI プログラミングを勉強するには，本書に連結する著書 [1] で勉強を進めることをお勧めします．また，MPI を文法的により理解するには，パティコの本 [4] がお勧めです．また，数値計算の実例をもとに MPI 並列化を習得するには，青山の資料 [5] がお勧めです．また，日本語で MPI の仕様を知るためには，MPI-J メーリングリスト [3] があります．

4.5 高性能を追求するためには

ここでは，ハイブリッド MPI/OpenMP 実行において，高性能を追求するための技法について，いくつか紹介します．

4.5.1 実行効率を決める要因

ハイブリッド MPI/OpenMP 実行の実行効率を決める要因として，以下が考えられます．

1. ハイブリッド MPI/OpenMP 化による通信時間の削減割合

2. OpenMP 等で実現される演算処理のスレッド実行効率

ここで，特に，2.は注意が必要です．単純な OpenMP の実装では，経験的に8スレッド並列を超えると，スレッド実行時の高速化率が悪くなります．そこで，効率の良いスレッド並列化の実装をすると，ハイブリッド MPI/OpenMP の効果がより顕著になりますので，実装の工夫が必要です．

たとえば，既に説明した，ファーストタッチの適用が挙げられます．また，メモリ量や演算量を増加させても，スレッドレベルの並列性を増加させる方法が有用になることもあります．ループの回し方を1ではなく，m にして，内部の計算式を増やすことで，データ移動の最適化をするアンローリングなどの逐次の高速化手法を，ループの開始値と終了値をスレッド数に特化させて専用コード化することも有効であることがあります．

4.5.2 プロセスへ割り当てるジョブの差

n を MPI で並列化するループの長さ，numprocs を MPI プロセス数とすると，n と numprocs を割った余りが大きいと，負荷バランスが悪化して，性能が劣化します．たとえば，以下の例です．

・例：n=10, numprocs=6

int(10/6)=1 なので，プロセス 0〜5 は 1 個のデータ，プロセス 6 は 4 個のデータを持つことになります．そこで，MPI 並列化するループについて，プロセスごとの開始値，終了値のリストを持てば改善可能です．たとえば，以下のように，i プロセスのループの開始値を i_start(i)，ループの終了値を i_end(i) とすると，

- プロセス 0：i_start(0)=1, i_end(0)=2 ： 2 個

- プロセス 1：i_start(1)=3, i_end(1)=4 ： 2 個

- プロセス 2：i_start(2)=5, i_end(2)=6 ： 2 個

- プロセス 3：i_start(3)=7, i_end(3)=8 ： 2 個

- プロセス 4：i_start(4)=9, i_end(4)=9 ： 1 個

- プロセス 5：i_start(5)=10, i_end(5)=10 ： 1 個

のようにすればよいです．しかし欠点として，プロセス数が多いと，上記リストのメモリ量が増えることになり，余分なメモリ量が増えることになります．

4.5.3 データのパック/アンパックの時間

MPI で通信処理をするとき，送るべきデータを処理する時間が無視できないことがあります．一般に通信時間に含まれるのですが，データのコピー時間が，MPI 通信関数の通信時間よりも大きいことがあります．

ここで，MPI 関数でデータを送信するとき，問題空間（メッシュなど）の配列から，送信用の配列にコピーする処理を**パッキング**（**Packing**）といいます．また，MPI 関数で用いる受信用の配列から問題空間の配列へコピーする処理を**アンパッキング**（**Unpacking**）といいます．

上記のコピー量が多い場合，コピー処理自体も OpenMP 化すると高速化される場合があります．反面，ハードウェアによっては，コピー処理を OpenMP 化すると遅くなることもあります．このときは，逐次処理にしないといけません．

このように，データのパッキング，アンパッキングを OpenMP 化する/しない，もハイブリッド MPI/OpenMP 実行では重要なチューニング項目になります．

4.5.4 スレッド並列版 BLAS 利用時の注意

BLAS ライブラリは，多くの場合，スレッド並列化がされていることを説明しました．また利用方法は，OpenMP を用いた並列化と同じになることが多いです．これは，OMP_NUM_THREADS で並列度を指定して実行することになります．

このとき，BLAS で利用するスレッド数が利用可能なコア数を超えると，動かないか，動いたとしても速度が劇的に低下することがありますので，注意が必要です．BLAS を呼び出す先の処理がスレッド並列化をしている場合，BLAS 内でスレッド並列化をすると，総合的なスレッド数が，利用可能なコア数を超えることがあります．このため，速度が劇的に低下することがあります．

逐次実行の演算効率が，スレッド並列の実行効率に対して良いことが多い

です．したがって，上位のループをスレッド並列化し，そのループから逐次 BLAS を呼び出す実装がよいといえます．以下に，この例を挙げます．

● BLAS の呼び出し例（Fortran 言語）

- 通常の BLAS の呼び出し
    ```
    do i=1, Ak
        call dgemm(…)    ←スレッド並列版 BLAS を呼び出し
                        （コンパイラオプションで指定）
    enddo
    ```

- 上位のループで並列化した BLAS の呼び出し
    ```
    !$omp parallel do
    do i=1, Ak
        call dgemm(…)    ←逐次 BLAS を呼び出し
                        （コンパイラオプションで指定）
    enddo
    !$omp end parallel do
    ```

以上の例では，BLAS の処理である dgemm 関数の呼び出しについて，外側ループの i ループの Ak 回の呼び出しについて，並列性がある例です．この例では，外側の i ループを Parallel 構文で並列化して，ループ内では逐次の BLAS を呼び出すほうが高速となることが期待できます．

ここで，実例を紹介します．ここでは，東京大学情報基盤センターに設置されていた T2K オープンスパコン（東大版）（CPU は AMD Quad Core Opteron，1 ノード（16 コア））を利用した例です．日立製作所による C コンパイラ（日立最適化 C）を利用し，OpenMP 並列化を行っています．最適化オプションは "-Os -omp" を指定し，BLAS は GOTO BLAS ver.1.26（スレッド並列版，および遂次版の双方）を用います．対象処理は，高精度行列–行列積の主計算で，複数の行列–行列積（dgemm 関数の呼び出し）を行う部分です．この部分は，先ほど説明した処理になります．結果を，図 4.9 に示します．

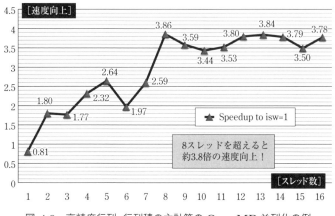

図 4.9 高精度行列–行列積の主計算の OpenMP 並列化の例

図 4.9 では，通常の BLAS の呼び出しに対して，上位のループで並列化した BLAS の呼び出しをすることで，8 スレッドを超える実行で，約 3.8 倍の高速化が達成できます．したがって，このような実装をすることで，ハイブリッド MPI/OpenMP 実行での効率が改善され，ピュア MPI 実行に対して，さらにハイブリッド MPI/OpenMP 実行が有利となります．

4.5.5 コンパイラ最適化の影響

MPI 化，および，OpenMP 化に際して，ループ構造を逐次から変更することになります．たとえば，ループの開始値と終了値の変更，および，MPI 化をするときに配列のインデックスを変えること，などがこれに相当します．

このとき，コンパイラに依存して，コード最適化が並列化したループに対して，効かない（遅い）コードを生成することがあります．この場合は，逐次実行での効率に対して，並列実行（MPI 実行，OpenMP 実行，およびハイブリッド MPI/OpenMP 実行）での効率が低下し，並列化の速度向上を制限することになります．

たとえば，ループ変数に大域変数を記載すると，コンパイラの最適化を阻害することがあります．特に並列処理制御変数である，全体の MPI プロセス数，およびスレッド数を管理する変数，自分のランク番号，もしくはスレッド番号を管理する変数は，大域変数であることが多いので注意が必要です．以

下に，MPI並列コードで，ループに大域変数を使っている例を示します．

● C言語の例

```
ib = n/numprocs;
for ( j = myid*ib; j<(myid+1)*ib; j++) {
  y[ j ] = 0.0;
  for (i=0; i<n; i++) {
    y[ j ] += A[ j ][ i ] * x[ i ];
  }
}
```

● Fortran言語の例

```
ib = n/numprocs
do j = 1 + myid*ib, (myid+1)*ib
  y( j ) = 0.0d0
  do i=1, n
    y( j ) = y( j ) + A( j, i ) * x( i )
  enddo
enddo
```

上記の myid は大域変数で，自ランク番号を記憶している変数です．そのため，コンパイラがループ特徴を把握できず，最適化を制限する場合があります．結果として，逐次コードに対して演算効率が低下し，並列化時の速度向上を制限します．

この解決策として，局所変数を宣言し，myid を代入するようにすると，最適化が効くようになることがあります．また，対象を手続き化（もしくは，関数化）することも，有効に働くことがあります．

4.5.6 全体を通して：自動性能チューニングの必要性

これまでの説明で読者は，OpenMP を用いた並列化においても，MPI を用いた並列化においても，いろいろな性能に関連するパラメタ（**性能パラメ**

タ：Performance Parameter）が存在し，それを適切に調整することが，性能向上において重要であることがわかってきたと思います．

たとえば，OpenMP におけるスケジューリングのブロック幅，MPI 並列化におけるデータ分散のブロック幅，などです．さらに，ハイブリッド MPI/OpenMP 実行においては，プログラム全体において指定する，スレッド数とプロセス数の指定が必須であり，かつ適切に値を調整しなくてはいけません．

これらの性能パラメタは，プログラムの実行前に調整すれば済むこともあります．しかし一般には，実行した後や問題を指定した後に，性能パラメタの調整をする必要があります．このように，パラメタの調整は人手では困難であり，場合により不可能であることがあります．

そこで，性能パラメタを調整する技術として，**自動性能チューニング (Automatic Performance Tuning, AT)** [29, 30] という技術があります．また，AT のためのソフトウェアの構成法 FIBER [31]，AT のための計算機言語 ABCLibScript [32, 33] や ppOpen-AT [34, 35] が研究されています．このような AT 技術は，OpenMP やハイブリッド MPI/OpenMP と協調するように設計されています．さらなる性能向上のために，AT 技術の適用が期待されています．

4.6 まとめ

本章で説明したハイブリッド MPI/OpenMP 化を行うと，ノード数が増えるほど，ピュア MPI 実行に対する速度向上が期待できます．経験的には，1 万 MPI プロセスを超える実行で，ハイブリッド MPI/OpenMP 実行が有効となることが多いです．効果は，アプリケーションに依存しますが，経験的には数倍（2〜3 倍）高速化されます．現在，多くの実例でハイブリッド MPI/OpenMP 実行の効率化が研究されています．エクサスケールのスーパーコンピュータでは，10 万並列を超える実行が予想されています．その場合，おそらく，ハイブリッド MPI/OpenMP 実行をすることで，数十倍の高速化が期待されます．また，ノード当たりの問題サイズが小さくなるほど，ハイブリッド MPI/OpenMP 実行の効果が増大すると予想されます．

章末問題

[L20] 使える並列計算機環境で，例題 IX（密行列の行列–行列積）のサンプルプログラムを並列化したうえで，ピュア MPI 実行とハイブリッド MPI 実行とで性能が異なるか，実験環境（たとえば，東京大学情報基盤センターの FX10 スーパーコンピュータシステムでは，12 ノード，192 コア）を駆使して性能評価せよ．

以上の FX10 の場合は，1 ノード当たり，12 MPI 実行，1 MPI+16 スレッド実行，2 MPI+8 スレッド実行，4 MPI+4 スレッド実行など，組み合わせが多くある．できるだけ網羅的に性能を調べよ．

[L10] ハイブリッド MPI/OpenMP 実行がピュア MPI 実行に対して有効となるアプリケーションを，論文等で調べよ．

[L20〜] 自分が持っている問題に対し，ハイブリッド MPI/OpenMP 実行ができるようにプログラムを作成せよ．また，実験環境を用いて，性能評価を行え．

[L30〜] 所有している OpenMP のプログラム，MPI のプログラム，もしくは，ハイブリッド MPI/OpenMP のプログラムに AT 技術（たとえば，AT 言語の ppOpen-AT など）を適用してチューニングの自動化を行い，AT の効果を評価せよ．

おわりに

　本書では，スパコンに限らず，PCにおける並列化でも活用できる簡便な並列化のための言語であるOpenMPを用いた並列化とGPU向きの言語である，OpenACCを用いた並列化の解説をしました．また，いくつかの数値計算の事例においてOpenMPとOpenACCの並列化の実例を紹介しました．本書で示した課題の問題および解答はソースコードを用意し，これらを利用して学習を進められるように考慮しました．

　第1章で説明しましたように，並列化において必要とされる本質は，OpenMPなどの言語の習得ではなく，並列処理の本質である，データ依存関係を見つけることです．対象となるプログラム中にデータ依存関係がないことを見つけられなければ，OpenMPを用いても並列化ができません．そればかりか，ユーザにとって完全に自動化されて並列化に関与しないと思っている，コンパイラによる自動並列化においても，効率が悪いコードを書いてしまうことになります．つまりは，並列化に関係しなくてもよいと思っているユーザでも，高性能化するためには，データ依存の概念を理解することが必須であることに気がつくと思います．

　本書で紹介する事例は，基本的な数値計算例であり，実用となるコードにおける例に比べるときわめて単純であることは否めません．しかしながら，簡単なコードで並列化ができないと複雑なコードでも並列化できないわけですから，まず初心者は簡単なコードで並列化の経験を積むのが，実用コードにおける並列化を達成するためには近道であると筆者は考えます．

　本書では，第4章でMPIを用いた分散並列化への展開を説明しました．多くの方は，MPIによる分散並列化の敷居は高く，OpenMPによる並列化のほうが容易であると考えていると思います．ところが実際は，高性能を実現するためのOpenMPによる並列化の敷居は必ずしも低くはないことに気がついたと思います．高性能をOpenMPで達成するコーディングを行うと，実は，MPIでのコーディングと大差なくなってしまう例が多いことに気づくでしょう．つまるところ，高性能を目指すために並列化を行っていると，OpenMP

と MPI との差がなくなります．したがって並列化の経験を積むにつれ，ハイブリッド MPI/OpenMP 化は，思うより敷居の高いことではないことに気がつくと思います．

　最後に，本書により，学生，大学院生，技術者の皆様において，並列処理が身近なものになるのであれば，筆者にとって望外の幸せです．

参考文献

[1] 片桐孝洋 著：スパコンプログラミング入門——並列処理と MPI の学習，東京大学出版会 (2013)

[2] Message Passing Interface Forum
http://www.mpi-forum.org/

[3] MPI-J メーリングリスト

[4] Peter S. Pacheco 著，秋葉博 訳：MPI 並列プログラミング，培風館

[5] 青山幸也 著：並列プログラミング虎の巻 MPI 版，RIST 神戸センター
https://www.hpci-office.jp/pages/seminar_texts

[6] 高性能 Fortran 推進協議会
http://www.hpfpc.org/

[7] XcalableMP
http://www.xcalablemp.org/ja/index.html

[8] 富田眞治 著：並列コンピュータ工学，昭晃堂 (1996)

[9] 佐藤三久 著：OpenMP 並列プログラミング入門

[10] 黒田久泰 著：C 言語による OpenMP 入門
http://www.cc.u-tokyo.ac.jp/support/kosyu/03/kosyu-openmp_c.pdf

[11] 南里豪志，天野浩文，渡部善隆 著：OpenMP 入門 (1) (3)

[12] フロリダ大学 SuiteSparse Matrix Collection
https://sparse.tamu.edu/

[13] Takahiro Katagiri, Takao Sakurai, Mitsuyoshi Igai, Satoshi Ohshima, Hisayasu Kuroda, Ken Naono and Kengo Nakajima: "Control Formats for Unsymmetric and Symmetric Sparse Matrix-vector Multiplications", Selected Papers of 10th International Meeting on High-Performance Computing for Computational Science (VECPAR'2012), Springer Lecture Notes in Computer Science, Volume 7851, pp.236–248 (2013)

[14] M. Maggioni and T. Berger-Wolf: "AdELL: An Adaptive Warp-Balancing ELL Format for Efficient Sparse Matrix-Vector Multiplication on GPUs", Proceedings of Parallel Processing (ICPP) 2013, pp.11–20 (2013)

[15] Xing Liu, Mikhail Smelyanskiy, Edmond Chow, Pradeep Dubey: "Efficient Sparse Matrix-Vector Multiplication on x86-Based Many-Core Processors", Proceedings of the 27th international ACM conference on International conference on supercomputing (ICS'13), pp.273–282 (2013)

[16] Nathan Bell and Michael Garland: "Efficient Sparse Matrix-Vector Multiplication on CUDA", NVIDIA Technical Report NVR-2008-004, December 2008
https://research.nvidia.com/publication/efficient-sparse-matrix-vector-multiplication-cuda

[17] 名取亮：数値解析とその応用，コロナ社，ISBM4-339-02548-8, pp.119-125 (1990)

[18] Evans, D.J.: "Parallel S.O.R. Iterative Methods", Parallel Computing, Vol.1, pp.3-18 (1984)

[19] 寒川光，藤野清次，長嶋利夫，高橋大介：HPC プログラミング，オーム社 (2009)

[20] Sakaguchi, H. and Nishiura, D.: Development of Hyper Intelligent Discrete Element Method (HiDEM) and its Application for Science and Industry, JAMSTEC-R IFREE Special Issue, pp.201–210 (2009)

[21] 酒井幹夫 著・編集，茂渡悠介 著，水谷慎 著：粉体の数値シミュレーション，丸善出版 (2012)

[22] 片桐孝洋，竹田宏，河村祥太，加藤淳也，堀端康善：DEM におけるマルチカラー接触判定法の適用とマルチコア計算機による性能評価，粉体工学会誌，第 51 巻 8 号，pp.564–570 (2014)
https://www.jstage.jst.go.jp/article/sptj/51/8/51_564/_pdf

[23] Takahiro Katagiri, Hiroshi Takeda, Jyunya Kato, Shota Kawamura and Yasuyoshi Horibata: "Towards Multicolor Particle Contact Detection Method for Hybrid MPI-OpenMP Execution in DEM", VECPAR 2014, 11th International Meeting High Performance Computing for Computational Science, Proceedings of VECPAR2014 (2014) (A Poster)
http://www.vecpar.org/posters/vecpar2014_submission_40.pdf

[24] 和田直樹，高木翔，岡大樹，竹田宏，片桐孝洋，堀端康善：粒子接触判定計算の OpenMP による最適化，第 136 回ハイパフォーマンスコンピューティング研究発表会，情報処理学会研究報告, Vol. 2012-HPC-136, No.3 (2012)

[25] OpenMP Application Program Interface Version 4.0 - July 2013
http://www.openmp.org/mp-documents/OpenMP4.0.0.pdf

[26] OpenACC Home
http://www.openacc.org/

[27] OpenACC 2.0 Specification
https://www.openacc.org/specification

[28] Benjamin Lipshitz, Grey Ballard, Oded Schwartz, James Demmel: Communication-Avoiding Parallel Strassen - Implementation and Performance, Processings of IEEE The International Conference for High Performance Computing, Networking, Storage and Analysis (SC12) (2012).

[29] 片桐孝洋 著：ソフトウエア自動チューニング——数値計算ソフトウエアへの適用とその可能性，慧文社 (2004)

[30] 情報処理学会誌「情報処理」，大特集：科学技術計算におけるソフトウェア自動チューニング，Vol. 50, No. 6 (2009)

[31] Takahiro Katagiri, Kenji Kise, Hiroki Honda, and Toshitsugu Yuba: FIBER: A General Framework for Auto-Tuning Software, The Fifth International Symposium on High Performance Computing (ISHPC-V), Springer LNCS 2858, pp.146-159 (2003)

[32] Takahiro Katagiri: ABCLibScript: A Computer Language for Automatic Performance Tuning, In Naono, K.; Teranishi, K.; Cavazos, J.; Suda, R. (Eds.), Software Automatic Tuning, Springer, pp.295–314 (2010)

[33] Takahiro Katagiri, Kenji Kise, Hiroki Honda, and Toshitsugu Yuba: ABCLib-

Script: A Directive to Support Specification of An Auto-tuning Facility for Numerical Software, Parallel Computing, Vol. 32, Issue 1, pp.92–112 (2006)

[34] Takahiro Katagiri, Satoshi Ito, Satoshi Ohshima: Early Experiences for Adaptation of Auto-tuning by ppOpen-AT to an Explicit Method, Special Session: Auto-Tuning for Multicore and GPU (ATMG) (In Conjunction with the IEEE MCSoC-13), Proceedings of MCSoC2013, pp.153–158 (2013) DOI:10.1109/MCSoC.2013.15

[35] Takahiro Katagiri, Satoshi Ohshima, Masaharu Matsumoto: Auto-tuning of Computation Kernels from an FDM Code with ppOpen-AT, Special Session: Auto-Tuning for Multicore and GPU (ATMG-14) (In Conjunction with the IEEE MCSoC-14), Proceedings of MCSoC2014, pp.91–98, DOI:10.1109/MCSoC.2014.22 (2014)

サンプルプログラムの利用法

1 利用に関する概要

本書付録のサンプルプログラム（例題，演習問題のプログラム）は，東京大学出版会の本書のページ（http://www.utp.or.jp/bd/978-4-13-062456-5.html）よりダウンロードできます．zip ファイルの解凍パスワードは 4a528bcbb9a7e6b48b です．C 言語，および Fortran 言語の双方が含まれています．tar 形式で圧縮されています．C 言語，および Fortran 言語のソースコードが含まれています．

1.1 共通ファイル名

この共通ファイル名は

`<ファイル名>.tar`

です．tar で展開後，以下のような C 言語と Fortran 言語の双方のディレクトリが作られます．

C/ ：C 言語用
F/ ：Fortran 言語用

1.2 例題・演習問題コードと解答コード

サンプルプログラムは，例題・演習問題コードと，解答コードに分かれて収納されています．

解答コードは，例題・演習問題コードと同様のフォルダ構成，および，実行方法で動作するため，解答コードしかない OpenACC での場合を除き，ここでの解説を省略します．

なお，解答コードでは，並列化がされています．make コマンドでコンパイルの上で，スレッド数の指定を行ってください．以下のコマンドになります（4 スレッドの例）．

```
$ export OMP_NUM_THREADS=4
```

1.3 注意事項

付録に添付されているコードは，OpenMP については，gcc および gfortan でコンパイル可能であり，バージョン 4.8.2 (GCC) で動作の確認がなされています．

また，DEM の可視化のための gnuplot は，Version 4.6 patchlevel 3 で動作の確認を行っています．また，gnuplot を動作させるウィンドウマネージャとして，XWin X Server, Release: 1.15.1.0, OS は CYGWIN_NT-6.3 で動作を確認しています．

ハイブリッド MPI/OpenMP のコードについては，東京大学情報基盤センターの FX10 スーパーコンピュータシステムで動作を確認しております．また，ジョブを実行するため，FX10 用のバッチジョブスケジューラ，および，コンパイラなどの計算機環境に特化されています．

以上の理由から，必要に応じて，コンパイラのコマンド，および，コンパイラのオプションを自分の環境に変更しないと動作しないことがありますので，あらかじめご了承ください．

1.4 計算機環境依存事項の変更方法

コンパイラなどの変更は，ディレクトリ中の `Makefile` の中身の変更を行ってください．

たとえば，`Makefile` 中の C コンパイラ用コマンドの定義である "CC=" に，利用している計算機環境にある C コンパイラ用コマンドを記載する必要があります．また，C コンパイラ用のコンパイラオプションの定義である "CFLAGS=" も同様に変更が必要です．

その後，以下のコマンドで実行可能ファイルが出来ます．

```
$ make
```

さらに，ジョブスクリプトファイルの中身（ハイブリッド MPI/OpenMP のコードのみ），および，並列実行数の変更（すべてのサンプルコード）が必要です．

特に，ハイブリッド MPI/OpenMP 用のスパコンでの実行は，スパコン環境に依存します．インタラクティブ実行，バッチジョブ実行などを確認した上で，適宜，バッチジョブスクリプトを作成の上，実行してください．

2 OpenMP の例題・演習問題

ここでは，OpenMP の演習用のプログラムの起動方法などについて説明します．

2.1 サンプルプログラム

本書では，OpenMP の実行起動確認用のサンプルプログラムを収納しています．これを，テスト用サンプルプログラムと呼びます．

以下にテスト用サンプルプログラム Samples.tar の使い方を説明します．

1. Samples.tar を展開する．
$ tar   xvf   Samples-fx.tar

2. Samples フォルダに入る．
$ cd   Samples
C 言語： $ cd   C
Fortran 言語： $ cd   F

テスト用サンプルプログラムでは，以下の 3 種が収納されています．

- Hello
  C 言語で有名な "Hello World" プログラムです．

- Cpi
  円周率の計算を行うプログラムです．

- Cpi_m

  円周率の計算を行うプログラムに，時間計測を行う機能を追加したプログラムです．

(a) Hello プログラムの実行方法

Hello プログラムは，以下の手順で実行できます．

1. Hello フォルダに入る．
```
$  cd   Hello
```

2. make する．
```
$  make
```

3. 実行ファイル (hello.exe) ができていることを確認する．
```
$  ls
```

4. OpenMP のスレッド数を 1 に固定する．
```
$ export OMP_NUM_THREADS=1
```

5. hello.exe を実行する．
```
$ ./hello.exe
```

実行すると，以下の結果が出ます．

● C 言語の場合

```
Hello parallel world!  i:0
Hello parallel world!  i:1
Hello parallel world!  i:2
Hello parallel world!  i:3
Hello parallel world!  i:4
Hello parallel world!  i:5
Hello parallel world!  i:6
```

```
Hello parallel world!   i:7
Hello parallel world!   i:8
Hello parallel world!   i:9
```

● Fortran 言語の場合

```
Hello parallel world!   i:          1
Hello parallel world!   i:          2
Hello parallel world!   i:          3
Hello parallel world!   i:          4
Hello parallel world!   i:          5
Hello parallel world!   i:          6
Hello parallel world!   i:          7
Hello parallel world!   i:          8
Hello parallel world!   i:          9
Hello parallel world!   i:         10
```

(b) Cpi プログラムの実行方法

Cpi プログラムは，以下の手順で実行できます．

1. Cpi フォルダに入る．
```
$  cd   Cpi
```

2. make する．
```
$  make
```

3. 実行ファイル (cpi.exe) ができていることを確認する．
```
$  ls
```

4. cpi.exe を実行する．このとき，入力ファイルとして cpi.in をリダイレクトする．
```
$ ./cpi.exe < ./cpi.in
```

実行すると，以下の結果が出ます．

● C 言語の場合

```
Enter the number of intervals
n=10000000
  pi is approximately: 3.1415926535896697
Error is: 0.0000000000001235
```

● Fortran 言語の場合

```
Enter the number of intervals
 n=     10000000
   pi is approximately: 3.1415926535896697
Error is: 8.7422903582989875E-008
```

(c) Cpi_m プログラムの実行方法

Cpi_m プログラムは，以下の手順で実行できます．

1. Cpi_m フォルダに入る．
```
$  cd    Cpi_m
```

2. make する．
```
$  make
```

3. 実行ファイル (cpi_m.exe) ができていることを確認する．
```
$  ls
```

4. cpi_m.exe を実行する．このとき，入力ファイルとして cpi.in をリダイレクトする．
```
$ ./cpi_m.exe < ./cpi.in
```

実行すると，以下の結果が出ます．

● C 言語の場合

```
Enter the number of intervals
```

```
n=1000000000
   pi is approximately: 3.1415926535898211
Error is: 0.0000000000000280
time = 2.355917 [sec.]
```

● Fortran 言語の場合

```
Enter the number of intervals
 n=   1000000000
    pi is approximately:    3.1415926535898211
Error is:    8.7422752148569316E-008
time =    2.3614908679737709   [sec.]
```

2.2 例題I（密行列の行列–行列積）

以下に例題I（密行列の行列–行列積）の問題プログラム Mat-Mat.tar の使い方を説明します．

1. Mat-Mat.tar を展開する．
$ tar   xvf   Mat-Mat.tar

2. Mat-Mat フォルダに入る．
$ cd   Mat-Mat
C 言語： 　 $ cd   C
Fortran 言語： $ cd   F

3. make する．
$ make

4. 実行ファイル (mat-mat.exe) ができていることを確認する．
$ ls

5. mat-mat.exe を実行する．

```
$ ./mat-mat.exe
```

実行すると，以下の結果が出ます．

● C 言語の場合

```
N   = 1000
Mat-Mat time = 2.532533 [sec.]
 789.723319 [MFLOPS]
 OK!
```

● Fortran 言語の場合

```
 NN   =           1000
 Mat-Mat time [sec.] =    1.6323672519647516
 MFLOPS =    1225.2144807139712
  OK!
```

ここで，C 言語の場合は，`mat-mat.c` ファイル中において，

```
#define  N       1000
```

の 1000 を変更すると，行列サイズを変更できます．

また，

```
#define  DEBUG   1
```

とすると，行列–行列積の結果を検証して，問題ない場合は OK を出します．

Fortran 言語の場合は，`mat-mat.inc` ファイル中において

```
      integer   NN
      parameter (NN=1000)
```

の 1000 を変更すると，行列サイズを変更できます．

C 言語，Fortran 言語ともに，並列化の対象となる関数（手続き）は My-MatMat です．

2.3 例題 II（疎行列の行列–ベクトル積）

以下に，例題 II（疎行列の行列–ベクトル積）の問題プログラムの説明をし

ます．例題 II では，疎行列の形状の違いで，2 つの問題プログラムが用意されています．

なお，この問題プログラムでの疎行列データ形式は，CRS 形式です．

(a) 演習問題：各行で非零要素数が固定の場合

ここでは例題 II（疎行列の行列–ベクトル積）のうち，各行で非零要素数が固定の場合の問題プログラム SpMV.tar の使い方を説明します．

1. SpMV.tar を展開する．
```
$ tar xvf SpMV.tar
```

2. SpMV フォルダに入る．
```
$ cd SpMV
```
C 言語： $ cd C
Fortran 言語： $ cd F

3. make する．
```
$ make
```

4. 実行ファイル (spmv.exe) ができていることを確認する．
```
$ ls
```

5. spmv.exe を実行する．
```
$ ./spmv.exe
```

実行すると，以下の結果が出ます．

● C 言語の場合

```
N        = 100000
NNZ      = 800000
NZPR     = 8
MAX_ITER = 100
Mat-Mat time  = 0.253195 [sec.]
```

```
631.924825 [MFLOPS]
OK!
```

● Fortran 言語の場合

```
 NN     =          100000
 NNNZ   =          800000
 NZPR   =               8
 MAX_ITER  =           100
 SpMV time[sec.] =   0.25515846500638872
 MFLOPS =     627.06130322594902
  OK!
```

ここで，C 言語の場合は，`spmv.c` ファイル中において，

```
 #define   N      100000
```

の 100000 を変更すると，疎行列の行列サイズ（次元）を変更できます．

```
 #define   NNZ    1000000
```

は，疎行列の最大の非零要素数を宣言します．

```
 #define   NZPR   8
```

は，疎行列の 1 行当たりの非零要素数です．この位置は，乱数で決められます．さらに

 N × NZPR ≦ NNZ

の条件を満たさないといけません．

Fortran 言語の場合は，`spmv.inc` ファイル中において

```
!       == number of maximum dimension of matrix
        integer   NN
        parameter (NN=100000)
!       == maximum number of non-zero elements
        integer   NNNZ
        parameter (NNNZ=1000000)
!       == number of non-zero elements per row
        integer   NZPR
```

```
        parameter (NZPR=8)
```
のパラメタ変数を変更することで，C言語と同様の修正ができます．

C言語，Fortran言語ともに，並列化の対象となる関数(手続き)はMySpMVです．

(b) 演習問題：各行で非零要素数が変化する場合

ここでは例題II (疎行列の行列–ベクトル積) のうち，各行で非零要素数が変化する場合の問題プログラム SpMV_IB.tar の使い方を説明します．

1. SpMV_IB.tar を展開する．
```
$  tar  xvf  SpMV_IB.tar
```

2. SpMV_IB フォルダに入る．
```
$  cd  SpMV_IB
```
C言語：　　 `$  cd  C`
Fortran言語：`$  cd  F`

3. make する．
```
$  make
```

4. 実行ファイル (spmv_ib.exe) ができていることを確認する．
```
$  ls
```

5. spmv_ib.exe を実行する．
```
$  ./spmv_ib.exe
```

実行すると，以下の結果が出ます．

● C言語の場合

```
N    = 10000
NNZ  = 5005000
NZPR = 1000
```

```
MAX_ITER = 1000
Mat-Mat time = 5.589878 [sec.]
 1790.736828 [MFLOPS]
 OK!
```

● Fortran 言語の場合

```
NN    =         10000
NNNZ  =       5005000
NZPR  =          1000
MAX_ITER =        1000
 SpMV time[sec.] =    5.3218881579814479
 MFLOPS =      1880.9113753574065
  OK!
```

ここで，C 言語の場合は，spmv_ib.c ファイル中において，

  `#define   N       10000`

の 10000 を変更すると，疎行列の行列サイズ（次元）を変更できます．

  `#define   NZPR    1000`

は，疎行列の 1 行当たりの非零要素数の値です．この位置は，演習問題の説明で示した方法で決定されます．さらに

  `#define   NNZ     N/2+N/2*NZPR`

は，疎行列の最大の非零要素数の宣言です．

Fortran 言語の場合は，spmv_ib.inc ファイル中において

```
!       == number of maximum dimension of matrix
        integer   NN
        parameter (NN=10000)
!       == number of non-zero elements per row
        integer   NZPR
        parameter (NZPR=1000)
!       == maximum number of non-zero elements
        integer   NNNZ
```

```
parameter (NNNZ=NN/2+NN/2*NZPR)
```

のパラメタ変数を変更することで，C言語と同様の修正ができます．

C言語，Fortran言語ともに，並列化の対象となる関数（手続き）はMySpMVです．

2.4 例題 III（陽解法によるポアソン方程式の解法）

ここでは例題 III（陽解法によるポアソン方程式の解法）の問題プログラム Poisson.tar の使い方を説明します．

1. Poisson.tar を展開する．
```
$ tar xvf Poisson.tar
```

2. Poisson フォルダに入る．
```
$ cd Poisson
```
C言語：　　　$ cd C
Fortran言語：$ cd F

3. make する．
```
$ make
```

4. 実行ファイル (poisson.exe) ができていることを確認する．
```
$ ls
```

5. poisson.exe を実行する．
```
$ ./poisson.exe
```

実行すると，以下の結果が出ます．

● C言語の場合

```
iter= 100 dmax= 3.137077e-01
iter= 200 dmax= 1.540588e-01
```

```
iter= 300 dmax= 1.009077e-01
iter= 400 dmax= 7.449694e-02
iter= 500 dmax= 5.898579e-02
iter= 600 dmax= 4.914991e-02
iter= 700 dmax= 4.262303e-02
iter= 800 dmax= 3.787086e-02
iter= 900 dmax= 3.398048e-02
iter= 1000 dmax= 3.061028e-02
...
iter= 6800 dmax= 1.076828e-04
 6877 Iteration is converged in residual 1.000000e-04
M   = 100
MAX_ITER  = 10000
time = 2.900448 [sec.]
```

● Fortran 言語の場合

```
  iter=         100 dmax=    0.31370767745752204
  iter=         200 dmax=    0.15405875924276557
  iter=         300 dmax=    0.10090765223390719
  iter=         400 dmax=     7.4496939246650129E-002
  iter=         500 dmax=     5.8985794340593145E-002
  iter=         600 dmax=     4.9149910676234754E-002
  iter=         700 dmax=     4.2623029803646517E-002
  iter=         800 dmax=     3.7870860221222102E-002
  iter=         900 dmax=     3.3980479602782054E-002
  iter=        1000 dmax=     3.0610277425026311E-002
...
  iter=        6800 dmax=     1.0768281202899743E-004
     6877  Iteration is converged in residual
        9.9999997473787516E-005
 M  =         100
```

```
MAX_ITER    =        10000
time[sec.]  =        2.8192439219565131
```

ここで，C 言語の場合は，`poisson.c` ファイル中において，
```
#define  M           100
```
の 100 を変更すると，問題空間における 2 次元正方格子の大きさ（X 軸，Y 軸方向ともに同じ値）を変更できます．
```
#define  MAX_ITER    10000
```
は，最大の反復回数の値です．

Fortran 言語の場合は，`poisson.inc` ファイル中において

```
!        == number of dimension of discrete 2D mesh
         integer  M
         parameter (M=100)
```

のパラメタ変数 M を変更することで，C 言語と同様の修正ができます．

C 言語，Fortran 言語ともに，並列化の対象となる関数（手続き）は MyPoisson，および，CalcErr，です．

なおフォルダ GNUPLOT に，計算結果の問題空間における温度分布を表示する GNUPLOT のプログラムが収納されています．以下にファイルの説明をします．

- `fin.gnu`
  温度分布表示用の gnuplot のファイルです．

- `fin.dat`
  問題空間 100×100 のときの，最終的な温度分布データです．

- `poisson.eps, poisson.pdf`
  温度分布の可視化したファイル（eps 形式，pdf 形式）です．

GNUPLOT での表示方法は，以下になります．

1. ウィンドウマネージャを起動する．
```
$  startx
```

2. GNUPLOT を起動する．
```
$ gnuplot
```

3. 可視化用プログラムをロードする．
```
$ load "fin.gnu"
```

2.5 例題 IV（疎行列反復解法 CG 法）

ここでは例題 IV（疎行列反復解法 CG 法）の問題プログラム CG.tar の使い方を説明します．

なお，ここで採用している疎行列データ形式は，CRS 形式です．

1. CG.tar を展開する．
```
$ tar xvf CG.tar
```

2. CG フォルダに入る．
```
$ cd CG
```
C 言語： $ cd   C
Fortran 言語： $ cd   F

3. make する．
```
$ make
```

4. 実行ファイル (cg.exe) ができていることを確認する．
```
$ ls
```

5. cg.exe を実行する．
```
$ ./cg.exe
```

実行すると，以下の結果が出ます．

● C言語の場合

```
iter= 1 xnorm= 1.771664e+02
iter= 2 xnorm= 4.410722e+01
iter= 3 xnorm= 9.426948e+00
iter= 4 xnorm= 2.235242e+00
iter= 5 xnorm= 5.594881e-01
iter= 6 xnorm= 1.438891e-01
iter= 7 xnorm= 3.748982e-02
iter= 8 xnorm= 9.846389e-03
iter= 9 xnorm= 2.600368e-03
iter= 10 xnorm= 6.884134e-04
iter= 11 xnorm= 1.828054e-04
iter= 12 xnorm= 4.861207e-05
iter= 13 xnorm= 1.292037e-05
iter= 14 xnorm= 3.440991e-06
iter= 15 xnorm= 9.189481e-07
iter= 16 xnorm= 2.453900e-07
iter= 17 xnorm= 6.546611e-08
iter= 18 xnorm= 1.749964e-08
iter= 19 xnorm= 4.675550e-09
CG iteration is converged in residual 1.000000e-08
N    = 1000000
NNZ  = 10000000
NZPR = 3
MAX_ITER = 100
CG time = 0.346377 [sec.]
  OK!
```

● Fortran言語の場合

```
    iter=          1 xnorm=    176.95472098194418
```

```
iter=            2 xnorm=    44.156749337165593
iter=            3 xnorm=    9.4147963240927304
iter=            4 xnorm=    2.2326619772697143
iter=            5 xnorm=    0.55886888152444780
iter=            6 xnorm=    0.14375797983325272
iter=            7 xnorm=    3.7424288037609540E-002
iter=            8 xnorm=    9.8497994616219726E-003
iter=            9 xnorm=    2.5977836494775271E-003
iter=           10 xnorm=    6.8815575846473945E-004
iter=           11 xnorm=    1.8275416157142001E-004
iter=           12 xnorm=    4.8483692206483765E-005
iter=           13 xnorm=    1.2925810648922236E-005
iter=           14 xnorm=    3.4463201697969015E-006
iter=           15 xnorm=    9.1880582597946449E-007
iter=           16 xnorm=    2.4534536858805415E-007
iter=           17 xnorm=    6.5420763991858801E-008
iter=           18 xnorm=    1.7498033266891171E-008
iter=           19 xnorm=    4.6748571689418963E-009
CG iteration is converged in residual
    9.9999999392252903E-009
NN   =      1000000
NNNZ =     10000000
NZPR =            3
MAX_ITER =      100
CG time[sec.] =    0.48042900796281174
 OK!
```

ここで，C 言語の場合は，cg.c ファイル中において，

```
#define N       1000000
```
の 1000000 を変更すると，疎行列の大きさ（次元）を変更できます．
```
#define NNZ    10000000
```

は，疎行列における最大の非零要素数です．

```
#define  NZPR   3
```
は，疎行列における，1 行当たりの非零要素数です．ここで，
$$N \times NZPR \leq NNZ$$
の条件を満たさないといけません．

Fortran 言語の場合は，`cg.inc` ファイル中において

```
!       == number of maximum dimension of matrix
        integer  NN
        parameter (NN=1000000)
!       == maximum number of non-zero elements
        integer  NNNZ
        parameter (NNNZ=10000000)
!       == number of non-zero elements per row
        integer  NZPR
        parameter (NZPR=3)
```

のパラメタ変数を変更することで，C 言語と同様の修正ができます．

C 言語, Fortran 言語ともに, 並列化の対象となる関数（手続き）はMySpMV，および, メインルーチン（手続き）中の内積演算などのループです．

2.6　例題 V（DEM における衝突判定計算）

ここでは例題 V（DEM における衝突判定計算）の問題プログラム `DEM.tar` の使い方を説明します．

1. DEM.tar を展開する．
```
$  tar  xvf   DEM.tar
```

2. DEM フォルダに入る．
```
$  cd   DEM
```
C 言語：　　　$ cd　　C
Fortran 言語：$ cd　　F

180　サンプルプログラムの利用法

3. make する.
$ make

4. 実行ファイル (dem.exe) ができていることを確認する.
$ ls

5. dem.exe を実行する.
$ ./dem.exe

　実行すると，以下の結果が出ます．

●C 言語の場合

```
Number of Particles = 10000000
Particle Diameter = 0.000000
Particle Half Diameter = 0.000000
Time Step = 0.001000
Particle weight = 0.010000
imax_num_mesh = 10000001
d_mesh_dist = 0.000000
d_max_velocity = 0.000100
1 Time Step = 0.001000
 Execution Time [sec.] = 5.419307e-01,
Number of Collisions = 15987312
2 Time Step = 0.002000
 Execution Time [sec.] = 5.197398e-01,
Number of Collisions = 17636131
3 Time Step = 0.003000
 Execution Time [sec.] = 5.867147e-01,
Number of Collisions = 18412255
4 Time Step = 0.004000
```

```
  Execution Time [sec.] = 5.917549e-01,
Number of Collisions = 18832309
 …
30 Time Step = 0.030000
  Execution Time [sec.] = 7.166855e-01,
Number of Collisions = 20779289
Total execution time = 1.884947e+01 [sec.]
```

● Fortran 言語の場合

```
 Number of Particles =    10000000
 Particle Diameter =    9.9999999999999995E-008
 Particle Half Diameter =    4.9999999999999998E-008
 Time Step =    1.0000000000000000E-003
 Particle weight =    1.0000000000000000E-002
 imax_num_mesh =    10000001
 d_mesh_dist =    9.9999999999999995E-008
 d_max_velocity =    9.9999999999999991E-005
 1 Time Step =    1.0000000000000000E-003
   Execution Time [sec.] =   0.32000609801616520,
   Number of Collisions =     5987602
 2 Time Step =    2.0000000000000000E-003
   Execution Time [sec.] =   0.41176137496950105,
   Number of Collisions =     7633493
 3 Time Step =    3.0000000000000001E-003
   Execution Time [sec.] =   0.43665694998344406,
   Number of Collisions =     8409685
 4 Time Step =    4.0000000000000001E-003
   Execution Time [sec.] =   0.44832412595860660,
   Number of Collisions =     8835279
 …
30 Time Step =    2.9999999999999999E-002
```

```
   Execution Time [sec.] =   0.44889623299241066,
   Number of Collisions =      10790805
 Total execution time [sec.] =    13.410882496042177
```

ここで，C 言語の場合は，dem.c ファイル中において，

```
  #define    N     10000000
```

の 10000000 を変更すると，粒子数を変更できます．

```
  #define    DPD   1.0e-7
```

は，粒子の直径です．

```
  #define    PARTICLE_WEIGHT  1.0e-2
```

は，粒子の重さです．

```
  define     DTS   1.0e-3
```

は，シミュレーションにおける時間ステップの時間です．

Fortran 言語の場合は，dem.inc ファイル中において

```
!      == Number of Particles
       integer   NN
        parameter (NN=10000000)
!      == Particle Diameter
       double precision DPD
       parameter (DPD=1.0d-7)
!      == Particle Weight
       double precision PARTICLE_WEIGHT
       parameter (PARTICLE_WEIGHT=1.0d-2)
!      == Time Step
       double precision DTS
       parameter (DTS=1.0d-3)
```

のパラメタ変数を変更することで，C 言語と同様の修正ができます．

　C 言語，Fortran 言語ともに，並列化の対象となる関数（手続き）は CollisionAndCalcForce，および，CollisionDetect，です．

　なおフォルダ GNUPLOT に，各シミュレーションの時間ステップにおけ

る粒子の位置を表示する GNUPLOT のプログラムが収納されています．以下にファイルの説明をします．

- dem.gnu
  粒子の位置表示用の GNUPLOT のファイルです．

- 1.dat〜300.dat
  時間ステップ 1 から 300 までの，各粒子の位置データです．

GNUPLOT での表示方法は，以下になります．

1. ウィンドウマネージャを起動する．
$ startx

2. GNUPLOT を起動する．
$ gnuplot

3. 可視化用プログラムをロードする．
$ load "dem.gnu"

なお，以上の GNUPLOT での結果は，以下の変数による結果（C 言語のもの）です．Fortran 言語による結果も，同じパラメタ値を利用しています．

```
#define   N    20
#define   DPD   1.0e-2
#define   PARTICLE_WEIGHT   1.0e-2
#define   DTS   1.0e-3
#define   MAX_ITER   300
```

ここで，MAX_ITER は，時間ステップの最大数です．

以上の各時間ステップの粒子の値は，プログラム中の以下の部分のコメントを外すことで，GNUPLOT の下に *.dat という形式（*は 1〜MAX_ITER）で，ファイルを自動生成します．

● C 言語の場合

```
//=== output current position for files
/*
filename = (char *)calloc(25, sizeof(char));
strncat(filename,"./GNUPLOT/", 10);
sprintf(cbuf, "%lu", i);
strncat(filename,cbuf, 4);
strncat(filename,".dat",4);
if ((fp = fopen(filename, "w")) == NULL) {
   printf("fopen err! \n");
   exit(1);
}
for (j=0; j<N; j++) {
   fprintf(fp, "%lf  1.000 \n",X[j]);
}
fclose(fp);
free(filename);
*/
```

● Fortran 言語の場合

```
c         === output current position for files
!         cbuf1 = "./GNUPLOT/"
!         call Int2Char(i, cbuf2)
!         j = len_trim(cbuf2)
!         cbuf3 = cbuf2(1:j) // ".dat"
!         filename = cbuf1 // cbuf3
!         open(20,file=filename,status='replace')
!         do  j=1, NN
!            write (20, "(F6.4,X,F6.4)") X(j), 1.0d0
!         enddo
!         close(20)
```

3 ハイブリッド MPI/OpenMP 実行の例題

3.1 例題 IX（密行列の行列–行列積）

ここでは，例題 IX（密行列の行列–行列積）のハイブリッド MPI/OpenMP 実行の例題のプログラム実行について説明します．

本プログラムは，東京大学情報基盤センターに設置された FX10 スーパーコンピュータシステムに特化されています．したがって，FX10 以外の環境では，Makefile におけるコンパイラとコンパイラオプションの変更，および，バッチジョブスクリプトの変更を行わないと，動作しません．

以下に，実行の方法を説明します．

1. Mat-Mat_HYB.tar を展開する．
$ tar xvf Mat-Mat_HYB.tar

2. Mat-Mat_HYB フォルダに入る．
$ cd Mat-Mat_HYB
C 言語： $ cd C
Fortran 言語： $ cd F

3. make する．
$ make

4. 実行ファイル（mat-mat）ができていることを確認する．
$ ls

以降は，FX10 特有の実行の方法になります．

5. ジョブスクリプトをバッチジョブシステムに投入する．
$ pjsub mat-mat.bash

手順 5. は，FX10 用であることに注意してください．利用している計算機環境のコマンドに変更する必要があります．なお，12 ノード実行で，1 ノー

ド当たり 16 コアが FX10 ではありますので，ピュア MPI 実行では 192 プロセス実行となります．

ここで，ハイブリッド MPI/OpenMP 実行形態としていくつか組み合わせが考えられます．ここでは，以下の組み合わせのジョブスクリプトを用意しています．

- `mat-mat.bash.P192T1`
  192MPI プロセス実行，プロセス当たり 1 スレッド実行（ピュア MPI 実行）のジョブスクリプトです．

- `mat-mat.bash.P96T8`
  96MPI プロセス実行，プロセス当たり 8 スレッド実行のジョブスクリプトです．

- `mat-mat.bash.P12T16`
  12MPI プロセス実行，プロセス当たり 16 スレッド実行のジョブスクリプトです．FX10 では，1 ノード当たり 1MPI プロセスが起動し，ノード内の 16 コアを 16 スレッドで利用します．したがって，FX10 において，最小のハイブリッド MPI/OpenMP 実行形態といえます．

以上を実行すると，以下のような結果が出ます．

● C 言語の場合

```
N    = 1000
Mat-Mat time  = 0.112570 [sec.]
 17766.704941 [MFLOPS]
 OK!
```

● Fortran 言語の場合

```
 NN   =   1000
 Mat-Mat time[sec.] =   0.1181343329371884
 MFLOPS =   16929.87927577224
  OK!
```

ここで，C 言語の場合は，`mat-mat.c` ファイル中において，
```
#define  N       1000
```
の 1000 を変更すると，行列のサイズ（次元）を変更できます．
```
#define  DEBUG   1
```
とすると，行列–行列積の結果を検証します．

Fortran 言語の場合は，`mat-mat.inc` ファイル中において

```
      integer   NN
      parameter (NN=1000)
```

のパラメタ変数を変更することで，C 言語と同様の修正ができます．

C 言語，Fortran 言語ともに，並列化の対象となる関数（手続き）は My-MatMat です．

4 OpenACC の例題

ここでは，OpenACC の演習用のプログラムの起動方法などについて説明します．

OpenACC の例題は，OpenMP での例題のソースコードを利用して行うため，コードの利用方法などは OpenMP での説明と同じになりますので割愛します．本書では，OpenACC による並列化を行った解答コードのみを収納しています．

なお，本書では，pgi コンパイラ pgcc および pgfortran version 14.9-0 64-bit を利用しています．

4.1 例題 VI（密行列の行列–行列積）

以下に例題 VI（密行列の行列–行列積）の解答プログラム `Mat-Mat_ACC_ans.tar` の使い方を説明します．

1. `Mat-Mat_ACC.tar` を展開する．
```
$ tar   xvf    Mat-Mat_ACC.tar
```

2. Mat-Mat_ACC フォルダに入る.
$ cd   Mat-Mat_ACC
C言語： 　　$ cd   C
Fortran言語： $ cd   F

3. make する.
$ make

4. 実行ファイル (mat-mat.exe) ができていることを確認する.
$ ls

5. mat-mat.exe を実行する.
$ ./mat-mat.exe

　コンパイルすると，以下のような出力が出ます.

　● C言語の場合

```
pgcc -o mat-mat -acc -O2 -Minfo=accel -Msafeptr
mat-mat.c -lm
MyMatMat:
92, Generating present_or_copy(C[:n][:n])
    Generating present_or_copyin(A[:n][:n])
    Generating present_or_copyin(B[:n][:n])
    Generating Tesla code
93, Loop is parallelizable
94, Loop is parallelizable
95, Complex loop carried dependence of 'C->' prevents
  parallelization
    Loop carried dependence of 'C->' prevents
  parallelization
    Loop carried backward dependence of 'C->' prevents
```

          vectorization
         Inner sequential loop scheduled on accelerator
         Accelerator kernel generated
 93, #pragma acc loop gang /* blockIdx.y */
    94, #pragma acc loop gang, vector(128)
      /* blockIdx.x threadIdx.x */

● Fortran 言語の場合

pgfortran -o mat-mat -acc -O2 -Minfo=accel mat-mat.f
mymatmat:
111, Generating present_or_copyin(b(:n,:n))
     Generating present_or_copyin(a(:n,:n))
     Generating present_or_copy(c(:n,:n))
     Generating Tesla code
112, Loop is parallelizable
113, Loop is parallelizable
114, Complex loop carried dependence of 'c' prevents
   parallelization
     Loop carried dependence of 'c' prevents
   parallelization
     Loop carried backward dependence of 'c' prevents
   vectorization
     Inner sequential loop scheduled on accelerator
     Accelerator kernel generated
112, !$acc loop gang, vector(128) ! blockidx%x threadidx%x
113, !$acc loop gang ! blockidx%y

4.2 例題 VII（陽解法によるポアソン方程式の解法）

ここでは例題 VII（陽解法によるポアソン方程式の解法）の解答プログラム Poisson_ACC_ans.tar の使い方を説明します。

1. Poisson_ACC.tar を展開する.
$ tar xvf   Poisson_ACC.tar

2. Poisson フォルダに入る.
$ cd   Poisson
C 言語： $ cd   C
Fortran 言語： $ cd   F

3. make する.
$ make

4. 実行ファイル (poisson.exe) ができていることを確認する.
$ ls

5. poisson.exe を実行する.
$ ./poisson.exe

　コンパイルすると，以下のような出力が出ます.

● C 言語の場合

```
pgcc -o poisson -acc -O2 -Minfo=accel poisson.c -lm
main:
     63, Generating copyin(U[:801][:801])
         Generating copyin(U_old[:801][:801])
         Generating copyin(h_pow)
     85, Generating Tesla code
     86, Loop is parallelizable
     87, Loop is parallelizable
         Accelerator kernel generated
         86, #pragma acc loop gang /* blockIdx.y */
         87, #pragma acc loop gang, vector(128)
```

```
                        /* blockIdx.x threadIdx.x */
MyPoisson:
    141, Generating present(U_rhs[:][:])
    142, Accelerator kernel generated
        143, #pragma acc loop gang /* blockIdx.x */
        150, #pragma acc loop vector(256) /* threadIdx.x */
    142, Generating Tesla code
    150, Loop is parallelizable
CalcErr:
    169, Generating present(U_rhs[:][:])
         Generating present(U_lhs[:][:])
    170, Generating Tesla code
    171, Accelerator restriction: scalar variable live-out
         from loop: dmax_t
    172, Loop is parallelizable
         Accelerator kernel generated
        172, #pragma acc loop gang, vector(128)
            /* blockIdx.x threadIdx.x */
            Max reduction generated for dmax_
```

● Fortran 言語の場合

```
pgfortran -o poisson -acc -O2 -Minfo=accel poisson.f
PGF90-W-0155-Constant or Parameter used in data clause
    - m (poisson.f: 63)
  0 inform,   1 warnings,   0 severes, 0 fatal for main
PGF90-W-0287-Unrecognized ACC directive - end
    (poisson.f: 164)
  0 inform,   1 warnings,   0 severes, 0 fatal
     for mypoisson
main:
    63, Generating copyin(u(:,:))
```

```
             Generating copyin(u_old(:,:))
             Generating copyin(h_pow)
     84, Generating Tesla code
     85, Loop is parallelizable
     86, Loop is parallelizable
         Accelerator kernel generated
             85, !$acc loop gang ! blockidx%y
             86, !$acc loop gang, vector(128)
               ! blockidx%x threadidx%x
mypoisson:
    146, Generating present(u_rhs(:,:))
    147, Accelerator kernel generated
         148, !$acc loop gang ! blockidx%x
         155, !$acc loop vector(256) ! threadidx%x
    147, Generating Tesla code
    155, Loop is parallelizable
calcerr:
    188, Generating present(u_rhs(:,:))
         Generating present(u_lhs(:,:))
    189, Generating Tesla code
    190, Accelerator restriction: scalar variable live-out
         from loop: dmax
    191, Loop is parallelizable
         Accelerator kernel generated
             191, !$acc loop gang, vector(128)
               ! blockidx%x threadidx%x
                 Max reduction generated for dmax
```

4.3 例題 VIII（疎行列反復解法 CG 法）

ここでは例題 VIII（疎行列反復解法 CG 法）の解答プログラム `CG_ACC_ans.tar` の使い方を説明します。

なお，ここで採用している疎行列データ形式は，CRS 形式です．

1. `CG_ACC.tar` を展開する．
```
$ tar xvf CG_ACC.tar
```

2. CG フォルダに入る．
```
$ cd CG
```
C 言語： `$ cd C`
Fortran 言語： `$ cd F`

3. `make` する．
```
$ make
```

4. 実行ファイル（`cg.exe`）ができていることを確認する．
```
$ ls
```

5. `cg.exe` を実行する．
```
$ ./cg.exe
```

コンパイルすると，以下のような出力が出ます．

● C 言語の場合

```
pgcc -o cg -acc -O2 -Minfo=accel cg.c -lm
main:
    126, Generating copyin(P[:])
         Generating copyin(R[:])
         Generating copyin(B[:])
         Generating copyin(AP[:])
```

```
            Generating copyin(IRP[:])
            Generating copyin(ICOL[:])
            Generating copyin(VAL[:])
            Generating create(AX[:])
            Generating copy(X[:])
    136, Accelerator kernel generated
        137, #pragma acc loop gang, vector(256)
        /* blockIdx.x threadIdx.x */
        138, Sum reduction generated for pAp
    136, Generating Tesla code
    144, Accelerator kernel generated
        145, #pragma acc loop gang, vector(256)
        /* blockIdx.x threadIdx.x */
        146, Sum reduction generated for rdot
    144, Generating Tesla code
    153, Accelerator kernel generated
        154, #pragma acc loop gang, vector(256)
        /* blockIdx.x threadIdx.x */
    153, Generating Tesla code
    161, Accelerator kernel generated
        162, #pragma acc loop gang, vector(256)
        /* blockIdx.x threadIdx.x */
    161, Generating Tesla code
    168, Accelerator kernel generated
        169, #pragma acc loop gang, vector(256)
        /* blockIdx.x threadIdx.x */
        170, Sum reduction generated for xnorm
    168, Generating Tesla code
    182, Accelerator kernel generated
        183, #pragma acc loop gang, vector(256)
        /* blockIdx.x threadIdx.x */
```

```
        182, Generating Tesla code
        191, Accelerator kernel generated
            192, #pragma acc loop gang, vector(256)
            /* blockIdx.x threadIdx.x */
            193, Sum reduction generated for rdot
        191, Generating Tesla code
        199, Accelerator kernel generated
            200, #pragma acc loop gang, vector(256)
            /* blockIdx.x threadIdx.x */
        199, Generating Tesla code
MySpMV_GPU:
        275, Generating present(IRP[:])
             Generating present(VAL[:])
             Generating present(X[:])
             Generating present(ICOL[:])
             Generating present(Y[:])
        277, Accelerator kernel generated
            278, #pragma acc loop gang /* blockIdx.x */
            281, #pragma acc loop vector(256) /* threadIdx.x */
                 Sum reduction generated for s
        277, Generating Tesla code
        281, Loop is parallelizable
```

● Fortran 言語の場合

```
pgfortran -o cg -acc -O2 -Minfo=accel cg.f
PGF90-W-0155-Constant or Parameter used in data clause
    - nn (cg.f: 116)
PGF90-W-0155-Constant or Parameter used in data clause
    - nnnz (cg.f: 116)
PGF90-W-0155-Constant or Parameter used in data clause
    - max_iter (cg.f: 116)
```

```
PGF90-W-0155-Constant or Parameter used in data clause
  - eps_cg (cg.f: 116)
 0 inform,   4 warnings,   0 severes, 0 fatal for main
main:
    116, Generating copyin(p(1:1000000))
         Generating copyin(r(1:1000000))
         Generating copyin(b(1:1000000))
         Generating copyin(ap(1:1000000))
         Generating copyin(irp(1:1000001))
         Generating copyin(icol(1:3000000))
         Generating copyin(val(1:3000000))
         Generating create(ax(1:1000000))
         Generating copy(x(1:1000000))
    129, Accelerator kernel generated
        130, !$acc loop gang, vector(256)
        ! blockidx%x threadidx%x
        131, Sum reduction generated for pap
    129, Generating Tesla code
    138, Accelerator kernel generated
        139, !$acc loop gang, vector(256)
        ! blockidx%x threadidx%x
        140, Sum reduction generated for rdot
    138, Generating Tesla code
    148, Accelerator kernel generated
        149, !$acc loop gang, vector(256)
        ! blockidx%x threadidx%x
    148, Generating Tesla code
    157, Accelerator kernel generated
        158, !$acc loop gang, vector(256)
        ! blockidx%x threadidx%x
    157, Generating Tesla code
```

           165, Accelerator kernel generated
               166, !$acc loop gang, vector(256)
                ! blockidx%x threadidx%x
               167, Sum reduction generated for xnorm
           165, Generating Tesla code
           179, Accelerator kernel generated
               180, !$acc loop gang, vector(256)
                ! blockidx%x threadidx%x
           179, Generating Tesla code
           189, Accelerator kernel generated
               190, !$acc loop gang, vector(256)
                ! blockidx%x threadidx%x
               191, Sum reduction generated for rdot
           189, Generating Tesla code
           198, Accelerator kernel generated
               199, !$acc loop gang, vector(256)
                ! blockidx%x threadidx%x
           198, Generating Tesla code
myspmv_gpu:
           307, Generating present(irp(:))
               Generating present(val(:))
               Generating present(icol(:))
               Generating present(x(:))
               Generating present(y(:))
           308, Accelerator kernel generated
               309, !$acc loop gang ! blockidx%x
               312, !$acc loop vector(256) ! threadidx%x
                 Sum reduction generated for s
           308, Generating Tesla code
           312, Loop is parallelizable

索引

[あ行]

赤-黒法 (Red-Black Method) 74, 91, 127
赤フェーズ 74
アフィニティ (Affinity) 53
アンパッキング (Unpacking) 148
ウィンドウマネージャ 20
ウェーブフロント法 (Wave Front Method) 101
オフロード (Off-load) 133
　——・モデル (Off-load Model) 106

[か行]

ガウス-ザイデル法 (Gauss-Seidel Method) 72, 74
環境変数 (Environmental Variables) 13
間接参照があるインデックス 42
共通ファイル名 161
行方向圧縮 (Column-wise Storage) 58
共有変数 (Shared Variables) 26
共有メモリ (Shared Memory) 2
クリティカルセクション (Critical Section) 5, 34
クリロフ部分空間法 (Krylov Subspace Method) 77
黒フェーズ 74
後退代入 136
構文 107
個別要素法 (Distinct Element Method) → DEM
混合 (Hybrid) 形式 66

[さ行]

サイクリック分散方式 (Cyclic Distribution Method) 140
細粒度 (Fine-grain) 106
差分法 (Finite Difference Method) 70
参照 (Reference) 8
　——される 8
自動性能チューニング (Automatic Performance Tuning) 152
支配方程式 69
冗長計算 94
スケジューリング (Scheduling) 36, 37
ステンシル行列 (Stencil Matrices) 62
スレッド (Thread) 1
静的スケジューリング (Static Scheduling) 38
性能パラメタ (Performance Parameter) 151
節 (Clause) 108
接触判定格子 (Contact Detection Grids) 85
セマフォ (Semaphore) 5
前進代入 136
相互排除 4
疎行列データ形式 (Sparse Matrix Data Format) 57
疎行列-ベクトル積 (SpMV) 44, 56, 77
属性 (Attribution) 26
粗粒度 (Coarse-grained) 106

[た行]

大域変数 150
対角スケーリング前処理 (Diagonal Scaling Preconditioning) 78
タイムステップ 82
楕円偏微分方程式 69
チャンクサイズ (Chunk Size) 37
超平面法 (Hyper Plane Method) 101

直接解法 (Direct Method) 77
通信回避アルゴリズム (Communication Avoiding Algorithm) 81
定義 (Definition) 8
──される 8
ディリクレ境界条件 (Dirichlet Boundary Condition) 69
ディレクティブ (Directive) 13, 23
データ圧縮を行う形式 66
データ依存 (Data Dependency) 8, 41
データ節 (Data Clause) 115
データ分散方式 (Data Distribution Method) 138, 140
データ並列 (Data Parallel) 137
デバイスメモリ 105, 119
動的スケジューラ 102
動的スケジューリング (Dynamic Scheduling) 39

[な行]

流れ依存 (Flow Dependency) 10, 42, 110
ネイティブモード (Native Mode) 134
ノード (Node) 1
──内並列化 (Inner Node Parallelization) 1

[は行]

排他制御 (Mutual Exclusion) 4, 42, 90
ハイブリッド MPI/OpenMP プログラミング (Hybrid MPI/OpenMP Programming) 133
ハイブリッド MPI/OpenMP 並列プログラム開発の指針 141
パッキング (Packing) 148
反復解法 (Iterative Method) 77
ピュア MPI (Pure MPI) 141
ファーストタッチ (First Touch) 50
フィルイン (Fill-in) 77
負荷不均衡 (Load Imbalance) 36
負荷分散 140
不完全コレスキー分解付き CG 法（ICCG 法）102

プライベート変数 (Private Variables) 26
プラグマ (Pragma) 13, 23
ブロック幅 (Block Length) 140
ブロック分散 (Block Distribution) 138
プロファイラ (Profiler) 113
フロリダ大学疎行列コレクション 54
並列化の方針 137
並列プログラム作製の方針 135
並列領域 (Parallel Region) 29
ベクトル演算 107
ポアソン方程式 (Poisson Equation) 69, 71, 123, 129, 173, 189

[ま行]

前処理 (Preconditioner) 77
マルチカラー接触判定法 (Multicolor Contact Detection Method) 92
マルチコアプロセッサ (Multi-core Processor) 1
密行列の行列–行列積 167
命令単位 106
メニーコアプロセッサ (Many-core Processor) 1

[や・ら行]

陽解法 (Explicit Method) 72, 101, 173
ラウンドロビン方式 (Round-robin Method) 37
離散格子 69
離散要素法 (Discrete Element Method)
→ DEM
リダクション演算機能 47
列方向圧縮 (Row-wise Storage) 58

[欧文]

ABCLibScript 152
AMD Quad Core Opteron 53, 142, 149
API (Application Programming Interface) 13
AT (Automatic Performance Tuning)
→ 自動性能チューニング

BCRS (Blocked CRS) 形式　65
BCSR (Blocked CSR) 形式　65
BLAS　148
BELL (Blocked ELL) 形式　66
BSS (Branchless Segmented Scan) 形式　66

ccNUMA (Cache Coherent Non-Uniform Memory Access)　50
CG 法 (Conjugate Gradient Method)　77, 176, 192
close　99
Communication Avoiding Algorithm → 通信回避アルゴリズム
Communication Avoiding CG (CACG) アルゴリズム　81
Compute 構文　126
COO (Coordinate)　57
copyin　116, 119
copyout　116
create　116, 119
Critical 構文　34
Critical 節　5, 90
CRS (Compressed Row Storage)　60
――形式　176
CSR (Compressed Sparse Row)　60
CUDA (クーダ)　2
Cygwin (シグウィン)　15

Data 構文　115
Declare simd 節　98
Default 節　27
DEM　81, 179
dgemm　149
DIA 形式　65
DS (Diagonal Storage) 形式　65
Dynamic 指定　43

ELL (Ellpack)　61
ESSL (Engineering and Scientific Subroutine Library)　145

FIBER　152
fork　50
FX10 スーパコンピュータシステム　93, 153, 185

gang　106, 126
gcc　21
GFLOPS (Giga Floating Operations Per Second)　54
gfortran　21, 162
gnuplot　21, 162, 175
GOTO BLAS　149
GPU (Graphics Processing Unit, アクセラレータ)　1, 105, 133
guided 方式　39

Hello World プログラム　163
HPF (High Performance Fortran)　14
HITACHI SR16000　144
Hyper Threading (HT)　67, 122, 144

IBM Power7　144
ICCG 法 (Incomplete Cholesky Decomposition CG Method) → 不完全コレスキー分解付き CG 法
Independent 節　125
Intel Xeon Phi　106
――コプロセッサ　67
IvyBridge-EP　122

JDS (Jagged Diagonal Storage) 形式　65
join　50

Kernels 構文　107
KMP_AFFINITY　53

libnuma　53
Loop 構文　126
LU 分解　136
――法 (LU Decomposition Method)　77, 136

Makefile 162, 185
MIC (Many Integrated Core) 106
master 99
mpicc 143
mpif90 143
MPI (Message Passing Interface) 13, 133
mpic++ 143
mpixx 143

numactl 143
NUMA アフィニティ (NUMA Affinity) 99

omp_get_thread_num () 28
omp_get_wtime () 28
OMP_NUM_THREADS 25, 143, 148, 162
OpenACC (オープン・エーシーシー) 2, 105, 133, 186
——2.0 127
OpenMP 4.0 95

Parallel 構文 64, 99, 108
parallel do 26, 48
Parallel do 構文 89
parallel for 26, 48
PDGESV 144
pgcc 111, 187
pgfortran 187
PGI_ACC_TIME 113
ppOpen-AT 152, 153
present 116, 119
Private 節 27
Proc_bind 節 99
pthread (ピー・スレッド) 1

reduction 109
Reduction 節 30

ScaLAPACK 144
Sections 構文 33
SIMD 106
——化 97
Simd 構文 97
Sliced ELL 形式 66
SMT 144
SPARC64IX-fx 93
SpMV (Sparse Matrix-vector Multiplication) → 疎行列–ベクトル積
spread 99
SS (Segmented Scan) 形式 65
static スケジューリング 37

T2K オープンスパコン (東大版) 149
Tab Window Manager 20
Target data 節 98
Target Updata 節 99
Target 構文 98
tar 形式 161
Teams 構文 99
Tesla K40c 122
Threadprivate 構文 35
Tile 節 126
TWM (Tom's Window Manager) 20

vector 106, 126
Vector 節 128

woker 106, 126
Work sharing 構文 29

XcalableMP 14

著者紹介

片桐孝洋（かたぎり・たかひろ）

名古屋大学情報基盤センター教授．
1994 年豊田工業高等専門学校情報工学科卒業．1996 年京都大学工学部情報工学科卒業．2001 年東京大学大学院理学系研究科情報科学専攻博士課程修了．博士（理学）．2001 年 4 月日本学術振興会特別研究員 PD，12 月科学技術振興機構研究者，2002 年 6 月電気通信大学大学院情報システム学研究科助手，2005 年 3 月から 2006 年 1 月米国カリフォルニア大学バークレー校コンピュータサイエンス学科訪問学者を経て，2007 年 4 月から東京大学情報基盤センター特任准教授．2011 年 12 月，同教授を経て，2016 年 4 月より現職．超並列数値計算アルゴリズム，およびソフトウエア自動チューニングの研究に従事．2002 年情報処理学会山下記念研究賞受賞．2011 年文部科学大臣表彰若手科学者賞受賞．情報処理学会，日本応用数理学会，計算工学会，ACM, IEEE-CS, SIAM, 各会員．
主要著書：『スパコンプログラミング入門』（東京大学出版会，2013 年），『スパコンを知る』（共著，東京大学出版会，2015 年）

並列プログラミング入門
サンプルプログラムで学ぶ OpenMP と OpenACC

2015 年 5 月 25 日　初　版
2021 年 12 月 1 日　初 2 版

[検印廃止]

著　者　片桐孝洋
発行所　一般財団法人　東京大学出版会
　　　　代表者　吉見俊哉
　　　　〒 153-0041 東京都目黒区駒場 4-5-29
　　　　電話 03-6407-1069　　Fax 03-6407-1991
　　　　振替 00160-6-59964
印刷所　三美印刷株式会社
製本所　牧製本印刷株式会社

ⓒ 2015 Takahiro Katagiri
ISBN978-4-13-062456-5　　Printed in Japan

JCOPY 〈出版者著作権管理機構　委託出版物〉
本書の無断複写は著作権法上での例外を除き禁じられています．複写される場合は，そのつど事前に，出版者著作権管理機構（電話 03-5244-5088, FAX 03-5244-5089, e-mail: info@jcopy.or.jp）の許諾を得てください．

スパコンプログラミング入門［DVD付］ 　並列処理とMPIの学習	片桐孝洋	A5判/3200円
スパコンを知る 　その基礎から最新の動向まで	岩下武史・片桐孝洋・高橋大介	A5判/2900円
Pythonによるプログラミング入門 東京大学教養学部テキスト 　アルゴリズムと情報科学の基礎を学ぶ	森畑明昌	A5判/2200円
考え方から学ぶプログラミング講義 　Pythonではじめる	森畑明昌	A5判/2200円
14歳からのプログラミング	千葉　滋	A5判/2200円
情報	川合　慧 編	A5判/1900円
情報科学入門　Rubyを使って学ぶ	増原英彦 他	A5判/2500円
MATLAB/Scilabで理解する数値計算	櫻井鉄也	A5判/2900円
コンピューティング科学	川合　慧	A5判/2400円
ユビキタスでつくる情報社会基盤	坂村　健 編	A5判/2800円

ここに表示された価格は本体価格です．御購入の際には消費税が加算されますので御了承下さい．